国家自然科学基金项目“面向网络社群的团购机制创新研究”（71662024）研究成果。
本书的出版得到了“内蒙古自治区哲学社会科学研究基地”的大力支持和资助。

内蒙古科技大学 INNER MONGOLIA UNIVERSITY OF SCIENCE & TECHNOLOGY 文库

Research of Innovative Mechanism for
Group Buying Based on Online Community

面向网络社群的
团购机制创新研究

张　鹏／著

经济管理出版社
ECONOMY & MANAGEMENT PUBLISHING HOUSE

图书在版编目（CIP）数据

面向网络社群的团购机制创新研究/张鹏著. —北京：经济管理出版社，2017.10
ISBN 978-7-5096-5445-3

Ⅰ. ①面… Ⅱ. ①张… Ⅲ. ①网络营销—研究 Ⅳ. ①F713.365.2

中国版本图书馆 CIP 数据核字（2017）第 261231 号

组稿编辑：丁慧敏
责任编辑：丁慧敏
责任印制：黄章平
责任校对：雨 千

出版发行：经济管理出版社
（北京市海淀区北蜂窝 8 号中雅大厦 A 座 11 层 100038）
网 址：www. E-mp. com. cn
电 话：（010）51915602
印 刷：玉田县昊达印刷有限公司
经 销：新华书店
开 本：787mm×1092mm/16
印 张：11
字 数：202 千字
版 次：2017 年 10 月第 1 版 2017 年 10 月第 1 次印刷
书 号：ISBN 978-7-5096-5445-3
定 价：59.00 元

前　言

网络团购作为新兴的商业模式引起了学术界和实业界的广泛关注，但是目前国外对网络团购的研究主要集中在网络团购的价格折扣、定价机制等方面，而国内大部分有关网络团购的研究主要集中在网络团购产生的原因与发展模式，很少有研究涉及网络团购的机制设计原理、网络团购效益最大化的必要条件以及网络团购如何利用网络社群资源和网络传播机制发挥优势的影响因素。与此同时，由于缺乏理论指导，国内大多数团购网站主要是基于产品聚集消费者的运作模式，单纯以低价策略吸引顾客，其结果是用户群流动性较大，在消费者冲动型消费后，未能给企业带来用户忠诚度和企业品牌知名度的提升。由于大多数团购网站将网络团购与低价策略混为一谈，因此网络团购的机制优势未能充分发挥出来，造成近年来国内大批团购网站业绩下滑，并导致了大批团购网站的裁员和倒闭。与此同时，随着当今网络社交媒介的迅速发展，网络平台上集聚了大量的网络社群资源，网络社群成员长期稳定的互动以及以人际关系为基点拓展用户群的优势，可以为网络团购的商品信息传播和保持用户黏性提供良好的平台，使得基于网络社群情境下的团购研究成为具有重要意义的研究课题。

针对网络团购出现的现实问题以及对该商业模式研究的不足，本书立足于经济学相关理论，以网络团购机制设计原理为出发点，阐述了网络团购机制设计的本质和机理，通过数学建模推导出基于社群信息分享模式的网络团购效益最大化的必要条件，并结合社会心理学研究领域中的身份认同和纽带认同理论，构建并通过实证研究验证了基于网络社群视角的网络团购如何实现效益最大化的影响因素模型。同时，本书基于实证研究的基础，对身份认同和纽带认同两个具有代表性的网络团购社群进行了案例研究，以检验本书的实证研究结论与现实情境的契合性和有效性，从而提高了本书结论的理论坚韧度。最后，网络团购社群的结构和属性与单纯的社交网络不同，网络团购社群具有社交性与商务性的双模结构特性，存在着社会性影响和同质性影响两种信息扩散机制。社会性影响机制是基于消费者之间人际关系的强弱，而同质性机制是基于消费者之间从历史活动中体现出的行为相似性。因此，两种信息扩散机制在初期的扩散速度和最终的扩散范围会存在显著差异。本部分基于 NetBean 平台爬虫程序抓取的网络团购社群的数据，使用生存分析模型和 ABMS 仿真实验的方法，考察了基于社群活动的同质性机制和基于人际传播的社会影响机制对网络团购社群的产品信息扩散传播绩效的影响，以及在这两种机制下初始节点的选择对扩散效果的影响，对提高网络团购社群产品信息传播效率具有重要的理论价值和现实指导意义。

本书通过理论推演发现，网络团购机制的设计原理不在于低价吸引消费者，而是利用消费者间的主动传播和相互影响来扩大商品销售和产品知名度的机制。当消费者对于产品存在适度的信息差时，由于商品知识的差异导致消费者对产品的评价也有所不同。当优惠的团购价格低于熟悉产品的消费者对该产品的评价时，便产生了消费者剩余，从而激励了那些追求消费者剩余的用户为了达到网络团购所规定的最低人数和组团时间，积极主动充当企业产品的"推销者"，向产品信息度低的潜在消费者传播产品知识，分享使用体验，形成消费者间的互动教育，并努力说服潜在消费者加入团购行列。

在网络团购成为优势策略的必要条件的研究中，基于对于网络团购设计机制的研究结论，构建了网络团购、高价策略和低价策略的利润最大化的比较模型，通过对模型的数学推导发现：与低价策略和高价策略相比，网络团购要实现效益最大化从而成为优势策略必须同时满足三个条件：①消费者对于产品的信息差要处于适度水平；②对产品评价度高的消费者要具有较高的组团自我效能感；③消费者之间要具备较高的网络团购信息分享效率。

为了进一步研究网络社群情境下影响网络团购效益最大化的因素，本书以社会心理学中的群体身份认同和纽带认同理论为基础，构建了网络社群情境下影响团购信息分享者组团自我效能感以及社群内消费者间信息分享效率的理论模型。通过对包括身份认同和纽带认同的 18 个社群中具有网络团购经验的社群成员进行问卷调查，采用 SPSS 和 AMOS 统计分析软件对所收集到的 329 个有效样本数据进行分析和检验。研究结论表明，社会分类、相互依赖和群际比较对身份认同产生正向影响，人际互动、个体信息公开和成员兴趣相似性对纽带认同产生正向影响，个体对所在社群的身份认同和纽带认同正向影响个体对群内团购信息的认同，个体对群内分享的团购信息认同度分别对团购信息分享者组团自我效能感以及社群内消费者间信息分享效率产生正向影响。同时，本书还检验了网络团购商品属性的调节效应。检验结果显示，网络团购商品属性与群体身份相关度在身份认同与团购信息认同的关系中起到了正向调节效应，而网络团购商品属性与群体兴趣相关度在纽带认同与团购信息认同度的关系中起到了正向调节效应。

本书基于实证研究的基础，还采用了案例研究法对本书提出的理论框架进行循环验证，以检验理论与现实情境的契合性和有效性，从而提高本书结论的理论坚韧度。本书选取了具有代表性的身份认同社群“新浪亲子论坛北京团购”和纽带认同社群“户外运动论坛驴友团购”进行案例研究，在数据收集方面采用了一对一深度访谈以及收集网站交流帖的多重证据三角验证，从而保证了研究构念的效度。在研究方法上采用了内容分析法和扎根理论的三级编码方法，采用 Cohen’s Kappa 系数进行编码一致性检验，借助定性分析软件 ATLAS.ti 的关系查询功能，根据已有的编码条目探求各编码变量之间的相关关系和内容上的因果关系。分析的研究结果表明，案例的研究结果支持了本书所提出的理论模型。

最后，本书从网络团购社群信息传播机制的视角，通过 ABMS 仿真实验的方法，重点考察了基于社群活动的同质性机制和基于人际传播的社会影响机制对网络团购社群的产品信息扩散传播绩效的影响。研究发现，基于同质性机制下的扩散更为敏感和迅速，在扩散初期就表现出较快的扩散速度；而基于社会影响的扩散能够达到更大的传播范围。在考察初始节点的选择对扩散结果的影响和提升作用的研究中，我们发现，选取网络团购社群处于双模网络中心的节点确实可以促使一批社群成员在短时间内更快地受到感染，在人际关系网络和社群活动网络中都占据中心位置的社群成员会显著提升网络团购社群中传播扩散的速度。从 Kaplan 和 Meier 生存曲线的结果发现：同质性机制相对于社会影响机制在网络团购社群的信息扩散中起着主导作用。当社群中的成员同时受到社会性影响和同质性作用，即两种机制的交互作用时，他们受到信息扩散的概率是最大的。在考察初始节点的选择对扩散结果的影响和提升作用的研究中，我们发现，在人际关系网络和社群活动网络中都占据中心位置的社群成员会显著提升网络团购社群中传播扩散的速度。

本书的研究意义和理论贡献在于深入分析了网络团购机制设计的原理，并通过模型构建与推导，构建并验证了基于网络社群情境下网络团购商业模式效益最大化的理论模型，为进一步深化对网络团购经营模式的本质和特征的理解提供了坚实的理论基础，这将从根本上改变我们对网络团购这种独特的经营模式的认知。同时，通过对决定网络团购效益最大化的必要条件与社群认同关系的研究，本书基于社会心理学研究领域的身份认同和纽带认同理论，构建并验证了网络社群认同机制对网络团购效益最大化必要条件的影响理论模型，使以前单纯从网络口碑影响信息分享效率视角的研究转向了基于社群认同机理下团购分享者自我效能感、团购信息群内分享效率以及网络团购社群双模网络下传播机制的研究，从而深化了消费者间产品信息传播和社群影响理论的研究，并为网络团购的研究体系提供了新的理论研究视角。

最后，基于本书各个部分的研究结论，全面归纳了面向网络社群的团购机制创新要素，为企业科学运用网络团购社群的资源优势，充分发挥网络团购的机制设计优势提供理论指导与营销实践指导。

需要说明的是，本书的主要内容是基于笔者所主持的国家自然科学基金项目“面向网络社群的团购机制创新研究”（71662024），内蒙古自治区教育厅高等学校科学研究项目（NJSY160）以及内蒙古科技大学创新基金项目（2014QDW019）的研究成果。本书的出版得到了“内蒙古自治区哲学社会科学研究基地——呼包银榆经济区研究中心”的大力支持和资助，在此向有关单位表示深深的感谢！与此同时，本书的不足之处在所难免，欢迎各位专家、读者批评指正。

目　录

1 绪 论

1.1 研究背景

电子商务在 20 多年的发展历程中，经历了两个重要的阶段：第一个阶段是消费者个体根据自身的消费需求，浏览电子商务网站，收集相关信息，通过自身的消费经验与信息资源独立判断产品信息并最终做出购买决定，最后通过相应的电子商务网站完成交易。第二个发展阶段是在过去的十年当中，建立在网络社会媒介（Social Media）平台上的网络社群的迅速发展，革命性地重新定义了互联网商务。Facebook、Twitter、微信、微博、品牌社区以及其他的社交网站（如 SNS）以人际互动和主题交流为目的的网络社区为各类网络社群的建立和发展提供了良好的技术平台，社群成员除了在所在社群中进行话题讨论和社会互动外，作为消费者，他们还在社群中传播并交流彼此所掌握的商品信息，讨论并学习新产品知识，分享各自的使用体验和产品购买经验，形成了消费者间关于产品服务的相互教育、共同学习的氛围，潜移默化地影响了潜在消费者的购买决策。与此同时，各种新兴的网络社群互动方式也为企业改变传统的营销模式、利用网络社群中消费者间相互的影响获取更大的商品信息传播效应提供了难得的机遇。据统计，近年来，借助网络社群交流互动效应所演化出的新的商业模式彻底改变了消费者传统的消费观念，其中影响最深的一种商业模式就是网络团购。

网络团购是指在地理上分散但却具有共同需求的消费者借助于网络的沟通渠道汇聚在一起，以增加商品购买数量的方式来提高对供货商的议价能力，最终以优惠的价格向商家购买产品的商业模式。综观人类的交易历史，团购以量降价的商业模式一直受到广大消费者的青睐。但是在团购的发展历史上，由于受地理环境的限制，消费者召集团购所规定的人数通常需要采取跨地域的方式，这种耗时、耗力、低效的召集方式大大降低了团购发起人的召集意愿，从而使消费者受限于聚集人数有限的“瓶颈”，使团购的商业模式一直没有发展起来。然而，随着近年来网络社群的迅速发展而产生的网络团购模式让团购发起人能够突破地理条件的限制，通过社群成员在互联网上的交流合作，就可以突破传统的团购拍卖网站的一对一模式，在短时间内使汇聚分散在各地但具有相同购买意愿的消费者共同购买产品，让人们在网络上享受团购商品的乐趣以及团购商品价格优惠。随着网络团购商业模式的覆盖面不断扩大，网络团购已经成为全球越来越多的消费者参与的一场消费革命。其中，最具代表性的团购网站来自美国的 Groupon，2008 年开始运营，至今已经将网络团购拓展至全球 58 个国家的 820 个市场，2012 年 Groupon 营业收入为 8.6 亿美元。这种新兴的商业模式也受到了中国广大消费者的青睐。据中国电子商务研究中心发布的《2011 年中国网络团购调查报告》显示，中国自 2010 年开始陆续出现一批模仿 Groupon 模式的团购网站。截至 2011 年底，国内团购网站数量已经飙升至 4500 家，网络团购用户人数已经达到 4220 万人。可见，网络团购模式在我国一经出现就如火如荼，成为电子商务领域异军突起的重要商业模式。然而，好景不长，中国的网络团购网站 2012 年经历了“千团大战”、“红海厮杀”的局面后，裁员、倒闭成了 2012 年网络团购领域的关键词。根据中国电子商务研究中心监测数据表明，截至 2016 年底，全国团购网站累计诞生总数高达 6069 家，累计关闭 2859 家，死亡率达 48%，继续运营的网络团购网站为 3210 家，基本上回落到了 2010 年底的 3200 家左右。本书前期通过对国内各大团购网站的调研结果表明，网络团购在中国出现的问题主要可以归结为两个深层次的原因。

首先是目前国内大多数网络团购网站忽略了网络团购机制设计中的核心要素，即团购时间和组团人数，使组团人数和组团时间形同虚设。在现有的单纯以低价吸引消费者的网络团购模式下，消费者根本不需要动用自己的网络社群资源和社会资本去影响其他潜在消费者组团购买，网络团购变成了个体消费行为。这就等于放弃了网络团购利用消费者互动来提高产品知名度和消费者忠诚度的设计初衷，将网络团购演变成了变相打折促销的低价策略。因此，网络团购失去了“团”的本质，也就失去了利用消费者间的网络互动迅速拓展市场占有率的机制优势，从而也就丧失了其作为一种独特的营销策略存在的意义，与打折促销的营销手段混为一谈。

其次，目前国内大部分的网络团购网站都把营销重点放在了以广告推广的价值吸引商家合作，以相对低廉的价格策略吸引顾客的冲动消费。虽然网络团购过去一直是以经济实惠的特性吸引消费者的注意力，然而，随着时代背景的不同以及广大消费者消费意识的转变，经济实惠的诉求不再是广大消费者购买东西的首要考虑因素。因此大部分消费者在冲动型消费过后，网络团购并没有给企业带来用户忠诚度和企业品牌知名度的提升。纵观网络团购发展的历史可以发现，网络团购仅依靠价格的低廉并不能成为长期有效的商业模式，如美国曾经最大的两家团购网站 Mercata.com 和 LetsBuyIt.com，正是因为单纯依靠低廉的价格机制来吸引价格敏感型的顾客，而忽略了网络团购核心要素“团”的功能设计，在经历了短暂的辉煌之后，均以申请破产保护而告终。

可见，网络团购经营模式应该深入挖掘“团”的内在机理和适用条件，并结合深入研究网络社群中个体间的相互影响机理，才能充分发挥网络团购的独特优势，使网络团购符合当代网络媒介迅速发展壮大的趋势。事实上，作为网络团购领导者的 Groupon 也在如何利用庞大网络社群资源的消费者间产品信息互动自发组团课题方面寻求突破。从 2010 年开始，Groupon 尝试利用拥有庞大网络社群的网站 Twitter 和 Facebook 的用户资源以及妈咪博客等多种类型的网络群体进行基于网络社群的网络团购营销，利用网络社群中消费者间的相互影响和互动效应，取得了网络团购销售业绩的持续增长。网络团购商业模式在实业界的创新尝试与发展，充分说明了网络团购嫁接网络社群并借助网络社群中消费者个体间的相互影响进行经营模式创新是网络团购发展的一个重要方向，其理由如下：

（1）网络团购与网络社群在需求聚集方面有着天然的联系。网络社群包括传统的虚拟社区（Virtual Community）和新兴的 SNS 网站。虚拟社区是以主题为核心，自上而下地将与该主题相关度高的个体凝聚在一起进行交流互动的网络社区，成为全球数以亿计的网民聚集和沟通交流的主要平台，主要包括论坛/BBS、博客、贴吧等。与现实生活中的社区相比，这些虚拟社区的共同特点是社群成员身份标识具有匿名性和符号性。社群成员通过网上发帖、回帖开展信息交流和情感互动。虚拟社区虽然是网络社群的最初形式，但由于它的开放性和进入门槛较低，目前虚拟社区依然拥有大规模的用户群。截至 2016 年底，论坛/BBS 的用户规模达到了 5.19 亿人，博客的用户人数达到 3.45 亿人。

近年来，出现了以真实身份和真实人际关系等为特征的网络社群形式，典型代表有人人网、Facebook、微信等。学者们将此类社交服务型网站统称为 SNS，即 Social Network Service，意为社会性网络服务。与传统的网络社区不同，SNS 社交网站是依据六度理论，通过个体在现实中的人际关系网络自下而上地将个体联系在一起形成的网络社群。SNS 是基于现实社会关系的人际联系网络，大量 SNS 网站为展示自我、管理关系、保持老关系及开展新关系等提供技术工具。SNS 被认为是网络社区发展的重要趋势（iResearch，2016）。至 2016 年底，SNS 的用户规模达到了 8.96 亿人。

无论是基于虚拟社区还是 SNS 社交网站的社群，都深刻地改变了消费者的生活方式和消费方式。个体都是由于具有相同的需求而通过网络聚集在一起，通过彼此间的互动满足共同的需求。反过来，网络社群通过群体动力的杠杆作用，放大了简单的个体间的相互影响，为网络社群开展网络团购提供了坚实的用户资源和有利的市场环境。

（2）在网络社群中开展网络团购有利于加强用户的品牌忠诚度。目前的网络团购网站大多是基于产品聚集消费者的运作模式，消费者通过团购网站各自独立购买，用户群流动性较大，人们在团购过程中没有交流和互动，在消费者的冲动型消费过后，不能给企业带来用户忠诚度和企业品牌知名度的提升。而虚拟社区和SNS网站的用户建立在长久的网络社群关系的基础上，因此网络群体成员可以保持日常的互动与交流。目前的团购网站是以产品为基点拓展用户群，而虚拟社区和SNS网站是以人与人之间的关系为基点拓展用户群。产品经常变换，而人与人之间的关系却相对稳定。因此，相比之下，目前的团购网站黏度远不及虚拟社区和SNS社群用户强。

（3）基于网络社群的团购顺应了网络团购向满足个性化需求发展的趋势。目前的网络团购大都是由团购网站主导，通过低价刺激来聚合消费者需求。而网络社群是由具有相似需求的个体通过网络媒介积聚而成的，因此在网络社群环境中，每一个社群都代表了一个细分市场。每一个细分市场通过个体消费者的多对多交流，汇聚了某一类细分产品的大量需求，这不仅使供应商反向找到用户并组织团购成为可能，也有助于供应商分析用户购买行为后再实施关联推送。

综上所述，基于网络社群来发展网络团购具有较强的独特优势。事实上，国内也出现了基于网络社群发展网络团购业务的有益尝试并取得了一定的业绩，如基于虚拟社区的新浪亲子论坛的“北京团购社群”，基于SNS社交网站的人人网的“糯米团”团购。国内外企业这种基于网络社群的团购商业模式为网络团购的创新提供了有益的尝试和探索。但是，在网络团购的相关学术研究领域，还缺乏相关的理论研究和支持，特别是在网络社群对个体的影响越来越深刻、越来越广泛的背景下，研究网络社群情境下网络团购如何发挥其作为一种商业模式的优势成为网络团购研究的重要课题。

因此，本书尝试以网络团购机制设计原理为出发点，通过模型构建和理论推演来研究网络团购的运行机理以及决定网络团购效益最大化从而成为优势策略的必要条件。随后，将推导出的决定网络团购效益最大化的必要条件嵌入网络团购社群的情境下继续深入研究，从而建立并检验基于网络社群情境下影响网络团购成为优势策略的影响模型。最后，通过本书的研究结论，以期对网络团购相关研究提供新的理论视角并丰富网络团购研究的理论体系。同时，也希望通过我们的结论和建议，为企业科学运用网络社群的资源优势，充分发挥网络团购策略的优势提供理论指导与实证依据。

1.2 研究目的与意义

1.2.1 研究目的

由上述动机出发，本书拟定的核心内容包括三个：①以经济学中的产品生命周期理论、消费者剩余价值理论和激励相容理论为基础，以网络团购机制设计原理为出发点，建立网络团购运行机理模型，论证网络团购机制设计的真正内涵与本质，并以此为基础，通过数学建模和数学推导，来探讨基于网络社群信息分享模式下的决定网络团购效益最大化从而成为优势策略的必要条件。②基于核心内容的研究结论，进一步研究网络社群中哪些因素可以影响上述决定网络团购效益最大化的必要条件，并以社会心理学研究领域中的身份认同和纽带认同理论为基础，构建基于网络社群信息分享模式下影响团购信息分享者的组团自我效能感以及网络团购信息社群内分享效率的理论模型，并通过数据收集和实证研究得出结论。③考虑到网络团购社群属于交易型网络社群，与以往的许多研究中传统的社交网络相比，在结构上和内在属性上存在较大差异。因此，我们进一步通过 ABMS 仿真实验的方法考察了基于社群活动的同质性机制和基于人际传播的社会影响机制的差异性对网络团购社群传播初始节点的选择以及信息传播绩效的影响。

总之，通过本书的研究成果，为网络团购的相关理论研究增添了网络团购如何利用网络社群发挥优势的研究视角，同时为基于网络社群平台开展网络团购的经营者在创新网络团购模式、制定网络营销策略提供理论指导。归纳总结起来，本书的具体目标如下：

（1）基于对网络团购的机制设计原理的研究构建数学模型，并通过模型推导出决定网络团购效益最大化从而成为优势策略的必要条件。

（2）探讨决定网络团购效益最大化的必要条件与网络社群的关系。

（3）基于群体身份认同与纽带认同理论，构建网络社群情境下影响网络团购效益最大化的理论模型，并通过实证研究检验提出理论模型。

（4）通过案例研究来验证社群认同理论机制模型与现实情境的契合性和有效性，以保证本研究结论的理论坚韧度。

（5）通过 ABMS 仿真实验和实证研究的方法考察了基于社群活动的同质性机制和基

于人际传播的社会影响机制的差异性对网络团购社群传播初始节点的选择以及信息传播绩效的影响。

（6）最后，基于本书各部分的研究结论，全面归纳了面向网络社群的团购机制创新要素，为企业科学运用网络团购社群的资源优势，充分发挥网络团购的机制设计优势提供理论指导与营销实践指导。

1.2.2 研究意义

1.2.2.1 理论意义

目前，国外对网络团购的研究主要集中在团购的价格折扣、定价机制等方面，国内外大部分有关网络团购的研究主要集中在网络团购产生的原因与发展模式等理论的整理与归纳，很少有研究涉及网络团购的机制设计原理、网络团购效益最大化从而成为优势策略的必要条件以及网络团购如何利用网络社群资源发挥优势的影响因素研究。首先，本书立足于经济学相关理论的基础，以网络团购机制设计原理为出发点，阐述了网络团购机制设计的本质和机理，在此基础上，通过数学建模推导出社群信息分享模式下决定网络团购效益最大化从而成为优势策略的必要条件，为进一步深化对网络团购经营模式的本质理解提供了新的理论视角，这将从根本上改变我们对网络团购这种独特的商业模式的认知与理解。其次，通过研究决定网络团购成为优势策略的必要条件与网络社群关系，并结合社会心理学研究领域中的身份认同和纽带认同理论，构建并验证了基于网络社群视角下团购信息分享者的组团自我效能感以及网络团购信息社群内分享效率的影响模型，使以前单纯从网络口碑影响信息分享效率的视角转向了基于社群认同机理团购分享者自我效能感以及团购信息群内分享效率的研究，从而深化了消费者间信息分享效率的理论研究，为信息传播理论研究提供了有益的补充。

群体是一种社会现象，人们总是通过群体中相互影响参与整个社会的活动，群体中个体行为相互影响的研究在社会心理学、组织行为学、管理心理学领域表现活跃且运用广泛。而在市场营销领域，除了参照群体、从众、归属感的研究较多以外，其他理论视角的研究较少。这主要是由于传统的消费者决策是相对独立的个体行为，受群体的影响有限。但是，随着网络社群的影响力与日俱增，促进了社群成员之间的互动性与关联性，为网络用户行为影响向群体方向演化提供了平台，也增强了消费者决策的外部性。此时，对消费者产生影响的群体已不再是传统意义上的参照群体，有必要从新的理论视角研究群体对消费者个体决策的影响。本书属于“消费者行为学”与

“社会心理学”的学科交叉领域。虽然社会心理学领域关于群体对个体影响的研究有很多成果，但大都是基于现实社会中的情景，在网络社群复杂的网络互动环境下，社会心理学的研究结论还有待验证，以进一步探讨网络社群情境下个体间相互影响的关系及其对个体消费决策的影响。网络社群环境下的群体对个体的影响是一个新的现象，已经成为现代社会中人际交往的重要方式。那么在网络社群所构建的新型网络互动关系中，群体对个体行为的影响与现实世界中究竟有什么不同，从而对消费者参与意愿和行为又产生哪些作用及其作用的机制如何？对这些问题的解答有望深化网络营销的理论研究。其中，个体对群体的身份认同与纽带认同是社会心理学重要的研究内容之一，本书将个体对群体的认同理论嵌入网络社群的情境下进行研究，并建立了网络社群认同对网络团购效应最大化的影响模型，对社会心理学的身份认同与纽带认同理论在网络环境下的研究做出了有益的拓展与深化。

本书为消费者间产品信息分享效率理论在网络社群领域中的研究进行了有益的尝试和探索。在有关消费者间产品信息分享效率理论的现有研究文献中，主要集中在研究网络评论和网络口碑如何影响消费者间产品信息分享效率。这些研究是基于分散在庞杂网络的个体视角下来研究消费者间产品信息分享效率的，但由于网络口碑和网络评论的传播机制是个体的、一次性的、不承担责任的、单向的，因此缺乏消费者间信任基础和双向的交流互动机制，使网络口碑与网络评论对消费者间产品信息分享效率的影响力逐步减弱。相关领域的研究者也逐渐意识到了目前的网络口碑与网络评论，由于存在大量无须承担任何责任的一次性信息发布所导致的网络信息信任度降低以及依靠网络发帖而生存的网络“水军”的信息扰乱问题，使消费者间产品信息分享难以真正发挥其影响潜在消费者决策的效应。此外，由于网络团购的机制设计的一个关键约束条件是组团时间的限制，因为如果没有组团的时间限制，当产品进入成熟期时，消费者间的产品信息差趋近于零，那么利用产品信息度高的消费者去影响信息度低的消费者的组团机制便失去了发挥效力的时机和存在的意义，而网络口碑和网络评论由于来自庞杂网络中的散落节点，信息传播缺乏组织性和关联性，信息在抵达目标受众群和影响受众群方面存在低效率的问题，无法满足网络团购组团的时间要求。针对以上有关消费者间产品信息分享效率所面临的研究问题，本书将研究的视角转向了网络社群中的认同理论，因为与离散的网络个体相比，网络群体是基于成员间一定程度上的信任、承诺以及共同需求目标的基础形成的，是现实世界中人与人之间关系的拓展与延伸。在社会心理学的研究领域研究发现，个体对所在群体的认同方式与程度显著影响了群体内信息分享对群内成员具有较强的影响力。本书正是基于社会心理学的这个重要发现，将其引入基于网络社群认同对网络团购信息分享效率的研究，为消费者间产品信息分享效率理论在网络社群领域中的研究进行了有益的尝试和探索。

网络团购社群是在社会化商务背景下发展起来的新型社群，与以往研究所涉及的传统社交网络不同，网络团购社群在结构上属于双模网络，在属性上具有交易和社交两种属性。网络团购社群成员部分存在相互陌生的现实（如新浪亲子论坛团购中的部分关注者之间是不认识的）。信息的传播更多地依赖于他们本身具有某些共同的特性，即同质性。Easley 和 Kleinberg（2011）指出，社会性影响机制基于消费者之间的社会关系的强弱，而同质性机制是基于消费者之间从历史活动中体现出的行为相似性。因此，两种信息扩散机制初期的扩散速度和最终的扩散范围会存在显著差异。而这种差异，会对网络社群团购在信息影响效率方面产生重要的影响，由于信息影响效率是网络社群团购成为优势策略的必要条件之一，因此研究两种扩散机制对网络团购信息影响效率具有重要的理论价值。

1.2.2.2 现实意义

首先，目前我国网络团购模式单一，同质化严重，更重要的是，目前的网络团购网站还没有充分意识到网络团购这种商业模式设计机制的本质，将网络团购做成了打折店的低价促销模式，丧失了网络团购中最本质、最重要的机制设计“团”的功能。网络团购真正的设计原理在于供应商以低于市场价的网络团购价格为补偿，去激励那些产品信息度高、产品体验度良好的消费者充当企业的“销售代理”，利用自身的网络社群资源去传播分享产品信息和产品使用体验，从而劝说潜在消费者加入团购的行列，从而达到利用消费者间的信任和互动传播优势以提高产品知名度和用户忠诚度的营销目标。而目前针对个体的团购模式浪费了群体内天然的信息影响力资源，从而严重降低了网络团购成为优势策略的可能性，也使网络团购这种商业模式失去了自身的优势特点，与低价促销混为一谈，失去了存在的必要条件。而本书通过对网络团购机制设计机理的研究，构建了网络团购效益最大化的模型，通过模型推导，确定了网络团购效益最大化的三个必要条件，并将其中的两个必要条件嵌入网络社群情境下进一步深入研究，构建并验证了基于网络社群认同对网络团购效益最大化的影响模型，最后通过案例研究检验了本书结论与现实情境的契合性和有效性以及结论的理论坚韧度。为网络团购的相关经营者深刻理解网络团购的本质，明确采用网络团购的合理时机，科学合理地利用网络社群资源开展网络团购提供了理论指导和营销建议。

其次，由于当前社交媒介和社交网络迅速发展，在网络社群中蕴藏着庞大的用户资源，这些宝贵的资源目前还没有得到充分有效的挖掘，其商业价值遇到了难以变现的瓶颈。网络社群环境的特点是人际传播双向性强，信任度高，反馈及时、互动频度高，既可以聚集大量有共同需求的消费者，也可以形成小众消费人群的细分市场，网络社群这些优势很好地契合了网络团购的目标，为网络团购效益最大化从而成为优势策略提供了良好的资源基础和市场环境。因此，本书将网络团购效益最大化的必要条件与网络社群纳入一理论框架进行研究，以发现在网络团购的激励机制下，网络社群中产品信息度和产品评价度较高的成员影响并说服群体内潜在消费者加入网络团购的影响机理，从而为拥有巨大网络社群资源的网络平台运营商对如何变现网络社群资源的商业价值，提供创新的经营思路和理论基础。

最后，同时考虑网络团购社群中的同质性扩散机制和社会影响扩散机制的差异性，能够帮助相关网络团购平台和企业更准确地预测产品信息在网络团购社群的扩散效果；对网络团购社群中心人物在双模网络中心性的综合计算上，能帮助相关网络团购平台和企业在网络团购社群中找到更加有效的传播初始节点，从而提升扩散效率，为团购商品的推广赢得更多的时间价值，从而实现网络团购效益最大化。

1.3 研究方法与研究思路

1.3.1 研究方法

在本书的整个研究过程中，笔者充分考虑了各种研究方法的科学性，同时结合了本书的实际需要，采取多种研究方法相结合的手段。本书主要运用了以下研究方法：

1.3.1.1 文献阅读法

文献研究是本书研究工作得以开展的前提之一。通过查阅文献来获取相关资料，全面地、正确地了解所要研究的问题，找出事物的本质属性，从中发现问题并拟定研究框架等具有指导意义。本书系统梳理了国内外有关网络团购研究的文献，社会心理学研究领域的群体认同理论和自我效能感理论，信息传播理论中的消费者间信息分享效率等相关的研究成果，以及在网络团购机制设计研究中涉及的有关经济学的产品生命周期理论、消费者剩余价值理论和激励相容理论，找到了本书的研究方向和主题，确定研究内容包括对网络团购机制设计的研究，并通过建立数学模型，推导网络团购效益最大化的必要条件；并以此为基础，构建了基于网络社群认同机制下的影响网络团购效益最大化必要条件的理论模型。另外，对模型的测量与验证等工作，都离不开对已有学者的文献研究。

1.3.1.2 理论推演法

理论推演法属于定性研究，本书在相关经济学理论和信息管理系统学理论的基础上，通过对网络团购运行机理的各项关键因素进行提炼抽象，构建相应的网络团购效益最大化的数学模型，按照严格的逻辑推理和数学推导，确定了网络团购效益最大化的必要条件。

1.3.1.3 实证研究

本书在网络社群认同机制对网络团购效益最大化必要条件影响模型的构建和验证的过程中，采用了实证研究的方法。通过系统地、直接地采用网络自填式问卷的方法获取研究对象的经验数据，并通过统计分析的方法对理论假设和概念模型进行验证，探讨自变量与因变量之间的关系。本书运用 SPSS 统计软件对收集的数据进行了信度分析、效度分析和其他相关检验，并运用 AMOS 统计软件对模型进行验证，以保证研究模型的可靠性和解释能力，保证本书结论的普适性。

1.3.1.4 案例研究法

案例研究被学者们视为同实证研究、规范研究并称的三大研究方法之一。由于各种研究方法都有其优缺点，所以当代社会科学界特别强调多元研究方法论，认为需要兼采质化、量化的不同方法来探讨同样的问题，以强化研究结果的坚韧度。因此本书依照全循环研究方法的思路，采用了“先理论构建+再实证研究+后案例检验”的思路，在实证研究的基础上采用了案例研究对本书提出的理论框架进行验证，以检验理论与现实情境的契合性和有效性，从而提高本书结论的理论坚韧度。本书选取了具有代表性的身份认同社群新浪亲子论坛北京团购网站和纽带认同社群户外运动论坛驴友团购网站进行案例研究，在数据收集方面采用了一对一深度访谈、收集网站交流帖的多重证据三角验证，从而保证了研究构念的效度。在研究方法方面采用了内容分析法和扎根理论的三级编码方法，采用 Cohen’s Kappa 系数进行编码一致性检验，借助定性分析软件 ATLAS.ti 的关系查询功能，根据已有的编码条目探求各编码变量之间的相关关系和内容的因果关系。

1.3.1.5 仿真实验法

基于 NetBean 的 Java 开发平台，利用爬虫程序抓取新浪亲子论坛团购社群用户数据信息和网络社群特性，借助核心工具 Selenium 作为网页驱动器抓取网络团购社群成员网络关系数据并存储在 SQL Server 数据库中；针对网络拓扑结构对信息影响效率的影响，我们利用随机网络 ER 模型和偏好链接网络 PA 模型构造出与抓取的真实网络具有同样节点数的参照网络；根据同质性机制和社会影响机制构建不同的微观扩散模型，在不同拓扑结构的网络上运用 ABMS（Agent-based Model Simulation）技术进行仿真实验，考察同质性机制和社会性机制的差异性以及在两个机制共同作用下对网络团购信息影响效率的影响。最后通过从新浪论坛亲子团购中两个团购社群抓取数据，采取生存分析模型，实证对比社会性影响和同质性影响分别起作用与同时起作用时对于网络社群团购信息扩散效率的差异。

1.3.2 研究框架

本书的研究框架如图 1-1 所示。

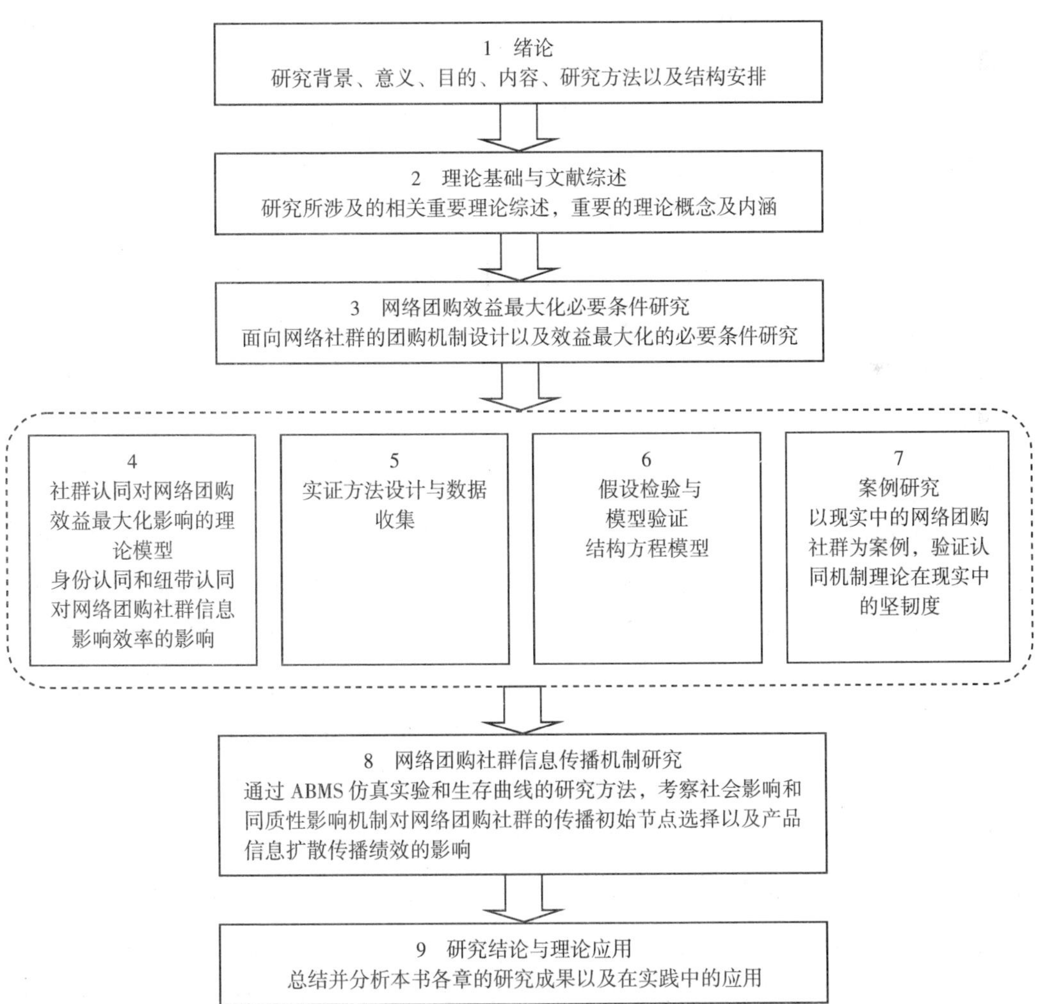

图 1-1 本书框架

1.4 研究创新

在网络团购的研究领域中，本书的创新主要体现在以下几个方面：

（1）研究角度新颖：首先任何一种经营策略都有其严格的适用边界条件，不存在放之四海而皆准的万能策略。而且，任何一种策略产生的效益，都要受到几个关键变量的影响。在恰当的时机和情境采用与之相匹配的策略，并识别和改善策略中关键的影响变量，便可以将该策略的优势最大化。本书正是基于这样的思路，选取了深入挖掘网络团购何时、如何成为最优策略的视角来研究网络团购。其次，本书引入了社会学中的自我效能感来考察影响网络团购成为优势策略的作用。最后，本书从消费者间信息分享效率的角度来考察影响网络团购成为优势策略的作用。以往的网络团购研究主要是从散落于庞杂网络的个体视角下研究网络信息沟通效率的，但由于存在网络低信任度以及缺乏组织关联的散落节点的信息沟通效率很难在短时间内发挥说服效力的现实问题，本书将研究的视角转向了网络社群中的认同理论，因为与离散的网络个体相比，网络群体是基于成员间一定程度上的信任、承诺以及共同需求目标的基础上形成的，是现实世界中人与人关系的拓展与延伸。在社会心理学的研究领域，众多学者通过研究发现，个体对所在群体的认同方式与程度显著影响了群体内信息分享效率。本书正是基于这个社会心理学重要发现，将其引入网络团购信息分享效率的研究中，对信息影响理论作出有益的补充。

（2）研究内容新颖：国内大部分有关网络团购的研究主要集中在网络团购模式的描述性分析、团购产生的原因与发展模式等理论的整理与归纳，很少有研究涉及网络团购的机制设计原理、网络团购策略适用的边界条件以及网络团购效益最大化的必要条件研究。首先，本书立足于经济学相关理论的基础，构建了网络团购运行机理的模型，在模型的基础上推导出基于社群信息分享模式下决定网络团购效益最大化从而成为优势策略的必要条件，为进一步深化对网络团购经营模式的本质和特征理解提供了理论基础，这将从根本上改变我们对网络团购这种独特的经营模式的认知。其次，通过对决定网络团购效益最大化的必要条件与社群认同关系的研究，本书基于社会心理学研究领域的身份认同和纽带认同理论，构建并验证了网络社群认同机制对网络团购效益最大化必要条件的影响理论模型，从以前单纯从网络口碑影响信息分享效率的视角转向了基于社群认同机理下团购分享者自我效能感以及团购信息群内分享效率，从而深化了消费者间产品信息分享理论的研究，并为网络团购的研究体系提供了新的理论研究视角。最后，网络团购社群属于交易型网络社群，与以往的许多研究中的传统的社交网络相比，在结构上和内在属性上存在较大差异。因此，本书在研究网络团购社群中的产品信息扩散传播策略时，同时考虑了基于社群活动的同质性机制和基于人际传播的社会影响机制。基于 NetBean 平台爬虫程序抓取的网络团购社群的数据，使用生存分析模型和 ABMS 仿真实验的方法，考察了基于社群活动的同质性机制和基于人际传播的社会影响机制对网络团购社群的产品信息扩散传播绩效的影响，以及在这两种机制下初始节点的选择对扩散效果的影响。

（3）研究方法新颖：首先，在相关经济学理论和管理学理论的基础上，采用理论推演的方法分析网络团购运行原理以及成为最优策略的关键要素，通过提炼抽象化各个关键因素，构建相应的数学模型，按照严格的逻辑推理和数学推导，揭示出网络团购效益最大化从而成为优势策略的必要条件，为进一步深化对网络团购经营模式的本质和特征理解提供了理论基础，这将从根本上改变我们对网络团购这种独特的经营模式的认知。其次，本书采用了全循环研究理论中的案例研究法。案例研究被学者们视为同实证研究、规范研究并称的三大研究方法之一。由于各种研究方法都有其优缺点，所以当代社会科学界特别强调多元研究方法论，认为需要兼采质化、量化的不同方法来探讨同样的问题，以强化研究结果的坚韧度。因此，学者们提出了全循环研究方法，全循环研究方法是指研究者兼采归纳法与演绎法，通过科学研究循环来探讨一个问题，以建立有力、坚实且具类推性的理论。在研究循环当中，无论是理论建构还是理论验证，案例研究都是不可忽略的一环。一般而言，相较于其他研究方法，案例研究能够对案例进行厚实的描述与系统的理解，而且对动态的互动历程与所处的情境脉络亦会加以掌握，而可以获得一个较全面与整体的观点。另外，由于案例研究着重于事件的检视，不介入事件的操控，而可以保留生活事件的整体性与有意义的特征，有助于研究者检验理论与现实情境的契合性。案例研究可分为三大类：验证理论、探索理论和描述现象。本书的案例研究主要用来检验本书所提出的理论框架在具体的企业营销实践情境中是否具有有效性和契合性，以提高本书研究结论的坚韧度。因此，本书的案例研究属于验证理论的范畴。该模式可以简洁地表示为“先理论构建+再实证研究+后案例检验”。最后，本书在研究网络团购社群信息传播机制的时候，采用了基于元胞自动机模型的 AMBS 仿真实验，其优势在于可以通过个体行为层面的建模来模拟个体周围环境的动态变化，与经典的宏观扩散 Bass 模型相比，本书采用的基于个体行为的微观扩散模型能够更好地呈现和刻画社群中每一个个体成员的影响行为通过网络扩散后的整体效果。

2 理论基础与文献综述

2.1 网络团购

2.1.1 网络团购的内涵

2.1.1.1 团购的概念

“团购”一词来源于20世纪80年代，是指聚集买方需求以满足数量折扣要求而降价的动态定价机制。团购描述了消费者通过集体统一采购，以折扣价格采购产品和服务的消费行为。团购的本质是将具有相同购买意愿的消费者集合起来，通过批量购买，以联盟形式共同维护消费权益，从而在保证品质和服务的前提下，以最低价格获得商品或服务。由此可见，团购的核心在于“团”，即联合所有具备现实需求和意愿的个体，形成统一采购团体，以增强与商家的价格谈判能力，促使商家以最优价格达成订单、消费者可以从供应商处获取最大让渡价值的消费模式。

2.1.1.2 网络团购的定义

团购的商业模式很早以前就受到了消费者的青睐，但由于受到地理环境的限制，消费者在聚集人数方面面临着巨大的时间和精力成本，限制了团购的发展。然而，随着近年来网络技术迅速发展，形成了大量的网络社群，使具有共同购买意愿的消费者可以突破地理环境的限制，通过社群成员之间的交流合作而产生的网络团购模式，让人们在网络上享受网络团购的乐趣及团购商品价格优惠。

网络团购一经问世就受到了不少学者的关注，基于不同角度的研究学者给网络团购所下的定义也有所不同。其中，最具有代表性的定义包括以下几种，对我们全面理解网络团购的内涵具有启示意义。Horn和Gustafson（2000）将网络团购定义为：利用网络的聚合力量来联合在地理上分散但却具有相同购买意愿的消费者，使他们形成统一的购买联盟以增强与供应商的议价能力，从而以较低的价格购买产品。Kauffman（2010）将网络团购定义为基于设定的时间内、满足组团必需的最低人数要求，随着组团人数的增加，价格下行的动态机制，具有相同购买意愿的消费者通过网络协商机制购买相应的产品。Rezabakhsh将网络团购的本质概括为：网络团购能够聚合受地理位置限制且分散的消费者的力量，尽管消费者身处不同的地区，但对某特定商品有共同的兴趣，通过网络团购的平台聚集在一起，结合彼此的购买力而获得大量商品才有的折扣价格。Jian认为，网络团购是经网络媒体组织形成具备大宗购买能力的消费者团体，为取得较大的价格优惠和优质服务而与生产厂商或分销商谈判与议价，并最终取得相应商品或服务的集体消费活动过程。齐雯认为，网络团购就是互不认识的消费者，借助互联网的“网聚人的力量”来聚集资金，加大与商家的谈判能力，从而获得深度折扣。中国电子商务研究中心（2010）将网络团购定义为，通过互联网渠道将有相同购买意向的消费者组织起来，向厂商进行大宗购买的行为。与传统的B2C、C2C电子商务不同，网络团购是一种C2B（Consumers to Business）的模式，众多的消费者聚合起来，与商家进行谈判和交易，其中，团购网站在其中起到了中介作用。

2.1.2 网络团购产生的原因

网络团购近几年的迅猛发展，背后有着深刻的逻辑与原因。本书通过文献梳理总结出以下几个原因：

2.1.2.1 消费者角度

首先，作为理性个体，消费者在购买产品的过程中要追求利益最大化，使其花的每一分钱都实现最大的收益，即买到性价比最高的商品。而网络团购可以借助网络平台高效地聚集在地理上分散但却具有相同产品需求的消费者组团购买产品。当消费者由传统的个体购买转变为群体购买的时候，由于数量的优势，消费者团体具备了与供应商讨价还价的资格和能力，商家在加速商品流转、迅速回笼资金从而降低资金成本的情况下让利于团购消费者。产品价格的降低使参加团购的全体成员受益，满足了个体消费者追求利益最大化的诉求。其次，网络团购可以降低消费者的搜寻成本和交易成本。在当今产品日益丰富、信息超载的时代，消费者往往陷入了商品选择困境以及要花费大量的时间和精力对相关产品信息进行搜索和甄别。而网络团购是汇聚了参与团购成员的商品信息资源，形成信息互补，极大地降低了参与团购的每一位消费者的搜寻和信息甄别成本。同时，通过参与团购消费者间的产品体验和产品观点交流与互动，有助于潜在消费者更深入地了解产品，为购买决策提供了来自消费者的依据。最后，网络团购可以降低消费者风险，相同或相似购物意愿的群体，彼此交流信息、形成一个结构相对松散的组织，改变了信息不对称的弱势地位，通过团体的力量束缚商家采取不良手段牟取暴利的行为，从而降低自身风险。

2.1.2.2 供应商角度

网络团购所产生的规模效应为供应商批量生产降低了生产成本，同时缩短了资金周转周期，降低了库存管理成本。同时，通过网络团购的口碑效应，节省大量宣传费用，快速实现品牌推广。另外，网络团购可以帮助供应商快速获取消费者的直接反馈。网络团购的出现，大大缩短了企业产品的销售链，这就使商家可以更好、更快地了解消费者对产品、服务的反馈，帮助商家及时改善产品、服务的不足，并针对消费者的共同需求生产对路的商品。

2.1.2.3 网络平台搭建者角度

随着互联网的迅猛发展，众多的网络商业模式如 B2C、C2C 都取得了巨大的成功。随着近年来网络社区和社交网站的日益壮大，为网络团购的发展提供了消费者群体基础。网络平台上聚集着大量的网络社群，但面对庞大的用户资源，网络平台搭建者需要将这些庞大的用户资源变现以维护网站的运营发展和为投资者创造利润。通过介入网络团购的商业模式，网站经营者可以从网络团购交易中获取佣金，还可以对其网站进行宣传，在为买卖双方“搭桥”的同时，获取大量消费者信息，为未来扩展业务提供了第一手宝贵的数据。

Daniel（2007）提出了系统聚合效应概念来解释为什么网络团购这一创新的商业模式会有良好的发展前景。系统聚合效应是指个体借助互联网来共享彼此的信息、知识、技术、资本等资源，从而产生了跨越时间和空间的复合经济效应，为网络团购的商业模式提供了坚实的理论基础。网络团购模式印证了 Daniel 提到的复合经济式的商业模式，它通过网络链接卖方、买方等多个主体，进行信息的交互、资源的共享，实现了超越空间和时间与限制的系统聚合。因此，网络团购商业模式的出现是信息技术手段发展到一定程度的必然，符合商品经济市场的发展趋势。

2.1.3 网络团购的模式

网络团购按照组团的时间顺序通常分为网络团购募集前协商和网络团购募集后协商两种形式。网络团购募集前协商是指网络团购发起人在组团之前根据自己的目标价格和预测的网络团购参与人数与供应商进行价格谈判以获取优惠的团购价格。当网络团购价格协商确定之后，网络团购发起人再通过网络发布网络团购价格，招募那些具有共同购买该产品意愿的消费者组团购买。如果团购招募人数达到团购发起人要求的数量，网络团购发起人就可以结束网络团购招募工作，开始向供应商商订货，供应商依据网络团购发起人提供的订单将产品发送给参与网络团购的消费者。而网络团购募集后协商是由网络团购发起人先通过网络进行团购招募，并规定了网络团购的截止时间和网络组团所需的最低人数要求。如果在限定时间内达到了组团人数，网络团购发起人再以团购的人数与供应商进行网络团购价格谈判，以获取优惠的网络团购价格。网络团购组织参加团购的消费者支付货款后，供应商依据网络团购发起人提供的订单将产品发送给参与网络团购的消费者。因此可以看出，网络团购募集前协商与网络团购募集后协商区别在于前者是网络团购发起人先预测参与网络团购的人数，再与产品供货商进行价格谈判，然后在网络上公布询价的结果来招募想要参与团购的消费者，而后者则必须是在网络团购发起者募集到一定的参与网络团购的消费者之后，再与供应商进行价格谈判。

网络团购按照团购发起人的身份不同分为自发网络团购以及商业网络团购模式。自发网络团购指由消费者通过网络发布团购信息，发布目标价格，招募具有相同购买意愿的消费者，当参与网络团购的消费者到达指定人数之后，网络团购发起人代表所有参与网络团购的消费者与供应商进行产品质量、产品价格、到货日期谈判，同时，网络团购发起人还要负责汇集整理参与网络团购的消费者的联系资料及货款的支付问题。在与供应商议价成功后，通知参加团购的成员汇款及到货日期，最后由团购发起人将收到的产品分发给团购成员。自发网络团购模式有以下特征：①网络团购发起人发起团购的主要动机是借助团购的以量制价的优势来降低购买产品的价格，通过服务他人也使自己达到低价购买产品的目的。②与其他消费者相比较而言，网络团购发起人具备较高的与供应商议价能力和组织能力，同时也要具备为组织团购所付出时间与精力的意愿和条件。③网络团购发起人通过网络团购获取价格优惠外，在其他方面并没有获取额外的收益。④在团购交易中如果出现产品质量、到货延迟等问题与产品供应商出现贸易纠纷时，所有参与网络团购的消费者作为利益共同体，会以集体的方式共同争取自身的合法权益。

商业网络团购模式是由具有法人资格的商业网站与供应商签订购买合同，在网络平台发布优惠的团购价格，吸引消费者加入团购。针对家具、室内装潢等大额资金商品，团购网站与供应商会开展专场团购活动，并通过网络平台向消费者发布现场团购活动时间、地点及参展产品的种类及厂商等信息，募集有兴趣的消费者参与并亲临现场，与供应商面对面进行团购议价。供应商通过现场团购降低了分别与消费者个别议价的成本。如餐饮类体验型服务，团购网站与服务商议定好团购价格，消费者无须与服务商议价，直接在线搜寻订购，享受团购优惠价格。

2.1.4 中国网络团购市场发展现状

根据中国电子商务研究中心发布的“中国网络团购调查报告”显示，2010 年 3 月，中国第一家团购网站——美团网上线之后，中国的网络团购呈现爆发式增长。2011 年中国超过 3 亿人次在团购网站购买了商品或服务，平均每人次消费金额约为 35 元，销售额总量超过 110 亿元。然而 2012 年，中国的网络团购网站出现了“红海厮杀”的局面，裁员、倒闭成了 2012 年网络团购领域的关键词。根据中国电子商务研究中心监测数据显示，截至 2016 年，全国团购网站累计诞生总数高达 6069 家，累计关闭 2859 家，死亡率达 48%，运营中 3210 家，已回落到 2010 年底的 3200 家左右。

目前，我国的网络团购主要是采取面向个体的低价促销模式。消费者个体根据自身的消费需求，通过团购网站收集并判断相关商品信息，独立完成交易。团购网站主要以广告推广价值来吸引商家合作，以低价策略吸引价格敏感型消费者。本书通过前期的研究发现：面向个体的网络团购存在两个深层次的问题：一是利润低。商家多采取单一的薄利多销策略，在团购过程中，缺乏消费者间交流互动机制，“团”的功能并未发挥效用，网络社会资本未能转化成团购价值。在网络团购发展的历史上，就曾有过惨痛的教训：美国最大的两家团购网站 Mercata.com 和 LetsBuyIt.com 就是仅通过低价策略来吸引价格敏感型顾客，经历短暂的辉煌之后，均以申请破产保护而告终。二是黏性差。面向个体的网络团购是以产品为基点拓展团购用户群，团购商品经常变换，良莠不齐，导致团购用户群流动性较大，不利于培养团购用户忠诚度。

2.1.5 网络团购的相关研究

国外研究者对网络团购的研究主要集中在价格曲线动态投标机制、网络团购获利模式以及网络团购定价机制等方面。其中，商品价格及其定价机制成为学者们关注的一个焦点，研究者采用网络团购交易数据对消费者网络团购行为分析，提出了影响网络团购的三要素论：价格、周期、需求外部效应。众多学者分别从卖方预期、议价空间、价格离散水平、信誉水平、网络团购周期和商品服务特征这几个角度来研究影响网络团购的因素。Kauffman 和 Wang（2001）研究了网络团购动态定价模型下出价者的行为，研究发现，产品种类丰富性、产品信息充实性、交易机制简单化可以提高网络团购绩效水平，同时，也会影响消费者参与网络团购的意愿。Lai 等（2002）通过研究发现，网络团购的顺利进行主要受到五个因素的影响：需求外部性、参与网络团购消费者的数量、网络团购发起者的组织能力和议价能力、消费者之间的沟通协商机制以及价格层级效果。团购价格折扣是学者们研究网络团购的另一个重点内容。McHugh（1999）认为，网络团购物的价格让利是供应商由于团购可以大量销售商品从而降低仓储和广告成本对消费者的一种补偿。Rezabakhsh 等（2006）认为，为了降低搜寻成本和购买成本，网络团购者通过网络平台汇聚需求，形成一定数量的购买团体，增加了与供应商讨价还价的能力。Anand 和 Aron（2003）通过对网络团购购物价格曲线进行研究，发现在市场需求不确定的情况下，供应商使用网络团购动态定价策略获得比采用单一的固定价格策略更高的利润。

随着基于更先进的网络互动技术和更有效的商业模式的诞生，网络团购嵌入了更多的社会因素和消费者互动，通过网络社会媒介的群聚效应，消费者不需要采用最初网络团购设计的个体独立投标形式，就可以形成足够规模的购买群体，这种基于消费者互动的网络团购模式被称为网络团购 2.0，代表了网络团购的发展方向。近年来，学者们开始从消费者态度、人际互动、意见领袖、参照群体等社会心理学视角研究网络团购的消费者行为。Ridings（2002）研究发现，消费者对团购发起方或发起者的信任是影响参与意愿的重要因素，在评论整体为积极性导向情境下，一个主要的负向评论不会对财务风险感知和对团购发起方的信任产生影响；但是，几个次要的负向评论可以提高消费者对网络团购的财务风险感知，降低对团购发起方的信任。参加团购的人数的增多能够降低潜在消费者的财务风险感知，从而增强了个体消费者参与团购的信心。Shih-Ming Pi 等（2011）在研究台湾地区的在线社区消费者参加网络团购意愿的影响因素中发现，社会学视角下的互惠、从众，心理学视角下的信任以及经济学视角下的需求外部性也同样是消费者参加网络团购意愿的重要影响因素。Ming-Tien Tsai 等（2011）认为，感知有用性、网络社区感以及对社区的信任是影响网络团购参加意愿的重要因素。Parimal S. Bhagat（2009）通过研究发现，网络团购的发起人具有以下特征：产品信息丰富、具备在线购物经验和专业知识、在社群中的被信任度较高、组织能力和与供应商议价能力较强。

国内学者对网络团购的研究随着网络团购在中国的兴起逐渐增多。研究方向可以归纳总结为以下几个方面：

（1）信任机制对消费者参与网络团购的影响，主要代表有何元正（2008）基于关系承诺—信任理论模型来探讨消费者参与网络团购意愿，研究发现，网络社群成员相互合作的意识和彼此承诺关系可以提高消费者对网络团购的信任并降低网络团购的不确定性。杨惠琴（2006）基于技术接受模型和风险感知理论研究了网络团购中消费者对网络团购的信任倾向以及供应商的声誉、品牌知名度、团购网站互动性因素如何影响消费者参与团购意愿。结论表明，消费者对团购的信任倾向、供应商信誉、品牌知名度、团购网站互动性会影响团购模式有用性，团购有用性和易用性共同影响消费者参与网络团购的意愿。沈子渊（2009）研究了消费者对团购发起人的信任度、社群关系、从众行为，对消费者参加网络团购意愿的影响。结论表明，网络团购发起人的产品信息分享正向影响消费者对团购发起人的信任度，对团购发起人的信任度、从众行为、社群关系正向影响消费者参与网络团购的意愿。

（2）网络口碑对消费者参与网络团购的影响研究，其中具有代表性的有黄聆怡（2008）通过研究发现网络口碑的分布形态、网络评论所传达的信息和情绪，影响消费者对于网络团购的态度，而消费者对于网络团购的态度正向影响其购买意愿。李姿仪（2007）的研究发现，网络口碑对于团购类型与团购意愿间的关系具有调节效应。如果网络口碑传递的是正面积极的信息，消费者对于参加实地团购和网络团购的意愿并无显著差异；如果网络口碑传递的是负面的信息，消费者参与实地团购的意愿高于参与网络团购的意愿。

（3）基于社群关系的网络团购研究。其中李依珊（2009）通过研究发现，消费者参与网络团购的动机并不仅是寻求低价，网络社群成员间的互惠行为和从众心理也是影响消费者参与网络团购的重要影响因素。王培（2010）认为，社交化因素可以提高参与网络团购用户的忠诚度，并借助社群的互动效应准确定位团体需求，提高商品的精准营销能力。张莹（2011）指出，目前的网络团购更像是一种新的广告媒介而非销售渠道，通过低价吸引消费者眼球聚拢人气，因而有必要在网络团购中增加社区功能，以增加用户之间的交流，使团购中的团体力量得到更大的发挥。

（4）消费者差异对消费者参与网络团购的影响。宁连举、张莹莹（2011）对网络团购消费者购买选择行为偏好进行了研究，发现产品线索在消费者选择团购产品时扮演了重要的角色，实证研究表明女性消费者主要依据产品团购价格，而男性消费者主要依据产品种类来选择参加网络团购。

（5）描述并解释团购现象、发展模式以及网络团购存在的问题。钱大可（2006）认为，网络团购代表了新兴的商业模式，在发挥网络规模效应和降低消费者购买成本和降低供应商宣传成本方面具有显著的优势效应。网络团购的发展模式主要包括消费者通过网络的网聚效应自发组织网络团购和专业的商业网站与供应商进行营销合作开展的网络团购。靳平（2011）对我国网络团购形态进行了比较及演进机制研究，认为网络团购模式是一个随环境改变而动态发展的过程，利益驱动机制决定团购形态的演变。

从网络团购的文献总体来看，还没有涉及并深入讨论网络团购的机制设计原理以及与网络社群的内在联系，并从消费者信息分享效率的视角来研究网络团购效益最大化以及如何成为优势策略的研究。

2.2 网络社群的研究

2.2.1 网络社群的内涵

网络社群是随着互联网的产生而逐渐形成的，它突破了传统的社群划分概念，如地域、行业、种族、阶级的限制，借助于互联网提供的交流平台，使具有共同兴趣、话题、需求的人们在网际空间形成群体。与传统的社群相比，网络社群的组成个体更加多样化，沟通交流的效率更加通畅，但依然保持着传统社群的信息互动性、人际互动性，情感交流的特征。Rheingold（1993）指出，网络社群依然保持着社会群体的属性，人们在网络空间上开展互动、交流与沟通，构建了网络空间中的社会聚合体。由网络技术所创造出来的网络社群的内涵一定程度上仍与实体社群相似，都是由社会性的关系网络所形成的关系，使社群内的成员可以互相交流信息、分享个人经验与相互支持，获取社会支持及得到归属感。Romm 等（1997）把网络社群定义为人们通过互联网相互沟通、分享共同兴趣和信息的群体。Hagel 和 Armstrong（1997）认为，网络社群是以兴趣、话题和利益为纽带，将在地理上分散的人们通过互联网聚集在一起来满足共同的需求。Howard 将网络社群定义为"一群主要借由计算机网络彼此沟通的人们，他们彼此存在某种程度的认识，并且分享某种程度的知识和信息，在很大程度上如同对待朋友般彼此关怀，从而所形成的团体"。本书认为，网络社群的定义分为广义和狭义。广义的网络社群，是指存在于网络空间中的网民以及他们所扮演的网络角色、产生的话题、发布的信息等各个互动要素形成的整体。而狭义的网络社群，是指以互联网为媒介进行网络互动，形成的具有共同目标和网络群体意识的相对稳定的人群。

根据学者的研究成果，网络社群具有三个基本特征：

（1）网络社群成员通常有共同的群体意识，主要表现为社群成员对所在群体的认同感与归属感。网络社群成员在日常的网络交流活动中逐渐形成了彼此稳定的关系，在彼此关系的构建中逐渐形成了群体意识，成员为了维护这种关系，会共同关注群体的生存和发展，产生了维护群体健康发展的贡献意识，将社群视为生活中不可或缺的一部分。

（2）网络社群成员间保持着经常性互动。一次性互动不能形成社群，网络信息交流的便捷性，使网络社群成员的交流互动更加频繁和即时，网络互动分为异时性互动（电子邮件、论坛交流帖等）和共时性互动（QQ、微信）。网络社群的互动具有多媒体特性，它利用数字的形式来传递声音、图像、文字等内容以达到表现和传递丰富的信息的目的。信息交流量要远大于现实中的群体，为社群关系的稳定和壮大奠定了良好的基础。

（3）网络社群的形成过程中，大量不同民族、不同语言、不同行业、不同地域的人们突破了传统的地理空间、族群纽带、行业系统的限制，在互联网上实现了自由、平等的交往，在这种开放式交往中，人们建立起了网络社群这一新型的社会关系。在网络社群中，参与个体以获取信息和情感交流为目的，以心理认同和兴趣一致为黏合剂。网络社群的构建过程淡化了个体的背景资料，人们的交往不受职业、社会地位、文化背景等因素的影响，使人们最真实的状态得到真实展露。网络社群不但整合了现实生活中的社会关系，又建立了与陌生人的新的关系，关系的结构更加多元化，社群资源日益呈现互补化，使网络社群的功能、话语权和影响力日益壮大，甚至可以影响人们现实中的经济、政治和社会生活。

通过以上分析可以发现，虽然网络社群与现实群体存在诸多不同，但是网络社群依然保持了社会群体的特征，网络社群依靠现代网络技术在现实社会和网络社会的两个空间不断进行拓展和延伸，因此，网络社群作为新兴的群体形式，在人们的生活中发挥的作用越来越大，特别是网络社群在传递商品信息、成员间相互影响以及快速聚集需求的能力方面对网络团购越来越重要，因此，将网络社群纳入网络团购的研究中具有重大的现实意义。

2.2.2 网络社群的分类

网络社群依据研究角度的不同有不同的分类方式。由于本书聚焦于网络社群的身份认同和纽带认同对网络团购的影响，因此，本书将网络社群分为虚拟社区社群和SNS社群。

虚拟社区主要包括论坛/BBS、博客、贴吧等，这些网络社群共同且显著的特点是用户身份具有匿名性和彻底的符号性，与现实群体形成了鲜明的对比。这些网络社群的形式，通常被称为虚拟社区。虚拟社区尽管是网络社群的早期形式，但目前依然拥有大规模的用户。以论坛为例，截至2012年，论坛的用户规模达到了3亿。Preece（2000）认为，网络社区由共同需求的人所组成，为某一共同目标而开展合作。他们通过网络社区来进行社会交流、互动、进行群体性活动等，从而带上了有组织社区的特点，有着特定的社区标准和规则。有许多学者对网络社区进行定义。常被引述的网络社区的定义也是最早的定义，Catherin（2002）提出，在网络中，当足够多的人用足够多的时间讨论共同的话题，从而拥有足够的感情在网络空间里建立起人际关系网络的时候就会出现一种社会集合，即网络社区。网络社区是一群人的集合，这些人也许会见面也许不会见面，他们通过电子公告板和网络来交换语言和观点。Aldle（1998）认为，互联网网络社区是以电脑为媒介的围绕文档延伸的社会世界。Blanehar（2004）强调，网络社区是提供拥有相似兴趣的人们不受时间和空间限制集合起来的机会。网络社区就是一个供人们围绕某种兴趣或需求集中进行交流的地方，它通过网络，以在线的方式创造社会和商业价值。Barnatt（1998）认为，成员对社区忠诚，且彼此共同分享，交换意见与目标而形成一种长期的人际关系。Farquhar（2006）认为，网络空间变成一种新的社交场所，它提供各式各样的主题让感兴趣的使用者参与，在此空间进行沟通以及信息分享。

近年来，随着以真实身份和真实人际关系等为特征的人人网、Facebook、开心网等社交型网络社群的兴起，以真实身份和真实人际关系等为特征的网络平台成为新兴的网络社区形式。这类网络社区形式被称为“社交网站”，实务界和学术界一般习惯用SNS这个简称来称呼“社交网站”。SNS被认为是网络社群发展的重要趋势，截至2012年底，SNS的用户规模达到了3亿。

SNS是基于“六度分割理论”而形成的。“六度分割理论”来自1967年哈佛大学心理学教授斯坦利·米尔格兰姆（Stanley Milgram）的一次连锁性实验。六度分割是指“个人和任何一个陌生人之间所间隔的人不会超过六个，也就是说，最多通过六个人就能够认识一个陌生人”。按照这个理论，可以看到人与人之间的联系是无处不在的，每个人的社交圈都能够不断放大，最后形成一个大型人际关系网络。以用户关系为核心的社交类网站，它通过提供各种平台或工具，协助人们维持或者扩大社会人际关系，以满足人们的社交需求。Boyd 和 Ellison（2007）将社交网站定义为基于网络的服务，让个体可以在一定的系统中构建公共形象，互通彼此的交际圈，分享彼此的链接。在 SNS 服务平台上，人们以老朋友发展新朋友的方式，构建以个人空间为中心，以关系链接为基础、以信息实时推送为基本手段的“熟人”社区，人们在这个“熟人”社区交互的过程中满足各自的诉求。SNS 既不同于传统社区也不同于网络社区，它既能为用户提供个人数据处理、展现自我、价值实现的平台，又能帮助用户安全地与自己所在关系链中的“信任人群”分享个人信息和知识，并且能利用这种“信任关系”来扩大自己的社会网络，以达成更有价值的沟通和协作，丰富自己的社会资本，从而真正实现社会关系管理的网站。通过对文献的梳理，本书总结了 SNS 社群的特征：

（1）SNS 社群成员个人信息真实，人际关系信息现实化。SNS 网站最主要的特点表现为社群成员信息的真实可信。SNS 网站要求社群成员采用实名制注册登录网站，该机制可以大大提高成员间对同事、朋友、同学的相互辨识度，也有利于成员更方便地与朋友的朋友建立新的关系。它改变了传统的网络虚拟性，使社群成员能够在网络上进行如同现实生活中的真实交往。SNS 网站以人们现实的社会关系为基础，把现实的人际关系转化为更加广泛的网络人际关系，并借助社会性网络服务这种力量对网络人际关系进行优化和提升，从而提高人际传播的效率和质量。

（2）SNS 社群用户资料显性化，便于对社群需求清晰定位。SNS 网站用户的真实资料可以反映出社群成员的真实人际关系，因此成员信息具有真实与显性的特点，使成员对网站的信任程度较高，这使 SNS 网站能对不同社群的不同需求做出比较精确的定位分类，为满足不同社群的不同需求提供定制化的服务，可以大大提高社群成员的满意度和忠诚度。

（3）SNS 社群成员的强关系保证了用户黏性。虚拟社区通常是以一个人们共同感兴趣的话题或主题内容而将人们聚集在一起，利用内容来吸引用户，社群成员彼此的关系属于“弱关系”类型，一旦成员对社区的主题失去兴趣，便有可能出现用户流失，成员的流动性较大。而 SNS 网站将现实的社会关系聚集到网络上，因此是以人和人之间的关系来吸引用户，相对虚拟社区的“弱关系”，这种在现实世界中本就认识的用户之间产生关系就是一种“强关系”。当社群成员通过 SNS 网站上的现实生活中的朋友、同事、家人认识更多的新朋友，当这种现实的关系网资源积累到一定程度时，成员就会保持对 SNS 网站的忠诚度，会继续使用原有的 SNS 网站账户保持现有的关系网络。

（4）互动传播时效强。SNS 网站是以人际的联系沟通为目的，网站为社群成员提供了自行维护、管理和拓展人际关系的工具，社群成员可以及时相互沟通交流分享信息，极大地提高了个体互动的频率和效率。而虚拟社区通过发帖与回帖的形式进行交流互动，在信息的处理方面呈现出了相对的滞后性。SNS 网站的这种高效的信息传播机制可以极大地促进成员间的信息互动积极性和互动意愿，同时信息的即时更新使社群成员随时了解彼此的动态，有利于提高彼此的人际关系质量。

（5）SNS 网站是公共空间与私人空间的结合。SNS 网站为用户提供了个人主页，社群成员可以在自己的个人主页添加自己的好友、撰写并分享自己的网络日志、上传分享照片和视频等。同时，用户可以通过设置各应用模块的开放程度来选择性地把自己的行为和活动告知好友，而好友也可以通过评论来进行互动。通过以上技术模式，SNS 网站为社群成员创造了网络上的公共空间和私人空间，使社群成员在网络生活中拥有了更多的自主权，有利于提高用户的认同感和归属感。

综合以上网络社群分类的分析，发现虚拟社区和 SNS 网站各有优点，形成了如今网络社区与 SNS 两者高度并存的现象。

2.2.3 网络社群功能与效益

Hageland Armstrong（1997）的研究认为，网络社群通过网聚广大消费者的优势可以成为供应商与消费者之间沟通的桥梁，帮助企业了解消费者需求，从而针对消费者的需求改进产品和相应的服务，通过为顾客创造价值提高产品的市场份额。供应商应该重视网络社群的建设与发展，使其成为开展网络营销的重要工具。具体来讲，有以下五个方面：

第一，网络社群中大量成员间的信息交流和产品体验分享可以降低消费者对产品的搜寻成本。消费者在做购买决策之前，通常要对产品信息进行搜寻比照，这要花费消费者大量的时间成本和精力成本，而网络社群能够让成员自由交流产品信息，使消费者能够快速获取产品的相关信息，提高购买决策的效率。

第二，消费者在交流互动的过程中，彼此的观点和经验的交汇会对其他成员的购买决策和购买意愿产生潜移默化的影响，通过与网络社群中的意见领袖建立良好的沟通关系，供应商可以借助网络社群意见领袖的影响力来提高整个社群成员的购买倾向。

第三，网络社群的互动信息以及成员的信息资料可以帮助供应商详细分析细分市场的需求和消费偏好，通过进一步满足细分市场的需求来改进产品提高服务质量，扩展市场份额。

第四，网络社群代表了一定的消费者集合，通过与社群成员的双向沟通，可以以网络团购的形式迅速扩大产品销量，降低库存成本，加快商品流转率和资金回笼。

第五，社群的关系是相对稳定的，供应商通过与网络社群建立长期的合作关系可以培养消费者对品牌的忠诚度。

2.3 群体认同机制

“身份认同”与“纽带认同”这两个概念最早是在社会心理学领域被提出的，是用来研究在现实世界中分散的个体自发形成群体的机理、个体主动参与群体互动的要素以及群体对个体活动的影响。在身份认同与纽带认同理论出现之前的很长一段时期，学者们通常是从个体观念去理解群体行为，把群体行为理解为个体行为部分的简单加总。身份认同与纽带认同描述了个体加入群体的动机以及在群体形成的过程中对群体的情感因素。身份认同是指个体因为喜欢群体这个整体而加入该群体的，共同的身份感强化了个体彼此互动参与的意愿。Tajfel 等（1971）通过实验证明，仅以“乐观派”和“保守派”这两个身份标签来区分一群素不相识的人们，就能激活他们的共同身份感；Turner（1985）指出，这种共同身份感导致了成员对组织的高度认同，如塞拉俱乐部（美国最大的民间环保组织）或教师协会，尽管组织内成员彼此可能并不熟悉，但这并不影响全体成员对组织的认同与忠诚。当成员基于共同身份对群体产生了认同感时，他们身为群体中的一员往往可以感受到自身存在于社会的价值感和归属感。共同身份的感知可以拉近成员彼此之间的关系，并能就相关话题产生共鸣。群体符号的意义对相关的个体具有很强的吸引力和凝聚力，维系群体的稳定主要来自共同的专业、共同的职业或者共同的社会角色等，因此，即使某些群体成员离开群体，群体依然能够保持相对的稳定。相比之下，基于共同纽带的认同，人们感知更多的是成员间彼此的关系，而较少把群体看作一个整体。Krackhardt 和 Porter（1986）研究发现，如果是基于纽带认同的几个朋友加入桥牌俱乐部，那么他们对俱乐部这个整体的共同身份感会弱化，如果其中几个人离开了俱乐部，那么另外几个朋友也会随之离开。Prentice 等（1994）把基于共同主题的群体如艺术社团、校报编辑部、足球队归为身份认同的群体，研究发现只要群体的目标与主题价值与自身的身份相吻合，个体就会对群体整体表现出较高的忠诚度和参与意愿。纽带认同是指个体因为兴趣相投而形成的群体，个体对群体的认同更多地来自对群体成员的喜爱而加入群体并参与群体的互动。基于共同组带的认同，成员感知到彼此间的关系更强烈一些，而把团体看成一个整体会更少一些。因此，群体的构成逻辑基础在于成员间彼此的关系纽带连接。如果成员间的关系发生改变，群体也会随之瓦解。Preece（2004）把基于私人关系和具有共同兴趣爱好的群体如好友圈、同学会和美食协会归为基于共同纽带的群体，研究发现，成员更加重视个体的情况和彼此的关系，个体的倡议可以通过关系的传导效应激起更多成员的响应和参与，最终形成群体行为。

随着互联网的迅猛发展，学者将身份认同与纽带认同理论运用到日益壮大的网络社群研究中，发现在网络中形成的群体也存在身份认同与纽带认同两个维度。基于身份认同的成员对基于共同身份的群体目标和主题表现出较高的忠诚度和参与意愿，如网络技术信息支持小组，成员间彼此虽然没有更多的私人联系和交流，但为了攻克一个技术难题，成员间相互配合，共同努力，表现出极强的合作协调意识。而基于纽带认同的网络群体成员之间主要是通过线上基于共同兴趣的互动与交流，从而形成个体间的彼此吸引，促使成员围绕共同兴趣开展线下活动，加强了彼此的纽带关系，从而形成长期的私人关系或人际纽带。由于网络可以加速群体成员间的互动频率和即时性，以及网络可以打破地理和时间上的限制汇聚更多的个体加入群体，因此学者们发现网络情境下的身份认同和纽带认同有时可以并存于同一个群体当中，但是其中一种认同会占据群体成员关系的主导地位。Seeley 等通过研究网络癌症互助小组发现，组内成员起初是因为有癌症患者的共同身份，共同的命运、经历以及战胜疾病的共同目标使他们在网络上组成了群体，但随着成员间互动与互助的加深，如彼此间交换药物治疗的信息并经常相互联系，关心彼此的健康状况，从而形成了强烈的人际纽带联系。因此他认为，两种类型的认同有时同时存在于同一网络群体，彼此相互促进，但最终是一种认同类型占据主体，主导群体成员的主要活动。

社会心理学的研究者们通过观察和归纳以及一定的实验研究身份认同和纽带认同的前因影响变量。Postmes（2001）研究发现，社会分类可以提高个体对群体的身份认同度，社会分类突出了职业、社会阶层以及社会角色的地位，激起了个体将自我认同与身份认同相联系的意识，个体通过群体的存在找到自我存在的价值与在社会上的归属感，也为自我在社会上的言行找到了参照群体和依据。Michinov 等（2004）研究发现，把个体界定为同一社会范畴可以显著提高个体对群体的认同度。范畴界定通常采取分类的方式。分类既可以根据客观标准，如组织成员、职业等，也可以根据主观标准，如参与者的政治信仰或价值观等。研究小组采用实验法，将彼此互不相识的被试者随机分配到各组，并且赋予各组名称，为各组配备了统一的制服，结果发现同组内的个体表现出对所在群体非常强的身份认同感，组内成员在群体之间的竞赛中为了自己所在群体的利益而努力合作。这些实验不仅在现实世界中得到验证，而且在网络环境中也得到了验证。Amichai Hamburger（2005）研究发现，许多在线病友互助社区中的成员，他们对社区的认同是因为他们具有共同的身份，即某一疾病的患者或幸存者，他们在社区这个平台上分享共同的患病体验，治疗经验，而并不在意是社区中具体哪一个人在听或回答问题，只要是与所患疾病相关的信息，群体内成员都会积极互动与分享，表现出对所在群体强烈的认同。

Kim（2000）认为，基于身份认同群体由于在社会中处于同一社会阶层或扮演共同的社会角色，通常会有共同的工作目标、任务或共同的利益，为了完成共同的任务、达到共同的目标以及获取共同的利益，他们需要各自资源的互补或分工并协调合作，因此群体内成员间的相互依赖可以提高个体对群体的身份认同度。Bryant 等描述了维基百科是如何创建共同的群体目标。个体将自己界定为某一群体通常会将自己所属的群体与其他群体进行比较，并且外群体与内群体的差异性越大，越能强化内群体的凝聚力。Honeycutt（2005）研究发现，身份基于认同群体如果在群体间比较的情境下，会激起成员对与外群体的差异的强烈感知，这种差异性的感知会加强个体对所在群体的认同度，增强群体的凝聚力。Hogg 和 Terry 曾将被试者分为几组，并强调组间的不同，鼓励组间比较。结果发现，通过组间比较，会大大增强个体对自己所在群体的身份认同，对群体的奉献意愿与忠诚度也随之提高。维基百科充分利用这个机理，强调维基百科与其他百科全书的差异性，如速度、成绩、市场份额等，从而有效地激励了维基百科的成员对所在社群的认同感，共同朝着世界最全的百科全书的目标奋斗。人际互动为人们提供了相互了解、相互熟悉从而建立彼此间信任的机会。随着社会互动频率的上升，人们彼此间喜爱的程度随之加深。在线社区中成员彼此互动的频率成为他们建立彼此关系的决定性因素。个体加入网络社群的一个重要动机就是通过互联网平台来扩展自身的社交网络，人际互动在这个过程中扮演了非常重要的角色。网络社群成员通过人际互动，才能产生共同的话题，发现彼此共同的兴趣和相似点，加深对彼此的了解，并开展线下的交流活动，因此成员间通过彼此间的人际互动交流，建立了社会联系、增进了彼此的好感和信任感。Slater 等研究了一款网上互动电游的玩家们，发现他们在网络游戏中互动交流越多，他们在现实生活中的接触就越紧密，彼此间的纽带联系感就越强烈。因此即使是网络环境中个体主观感觉上感知到彼此间在一起，也可以产生强烈的纽带认同感。自我表露、个人信息的交流成为人际纽带形成的重要原因之一。因此，社交网站中的成员如果有机会更多地在社区平台上展示自我，并能够有机会更多地了解他人，那么他们就越有可能建立起彼此间的关系。个人资讯的展示与交流将个体的注意力转移到了对群体中个体成员身上。在社交网站中，个人信息的披露（包括公布自己的E-mail地址或通信工具）成为社会互动最基本的条件。除了这些沟通渠道外，即时通信工具如MSN、QQ可以使个体随时感知到群体中在线成员的活动，有力地增强并保持了个体感知群体成员的同在与亲密感。因此，许多社交网站向注册会员提供了群体中的用户资料，包括个人信息，如个人照片、个人背景资料、人生经历和个人兴趣，帮助群体中成员加深了解。有些社区鼓励成员增添自己的个性化签名和头像，这些个性化的选择可以更好地表现出个体成员的风格与个性。

研究证明对于那些彼此间没有互动联系的成员，彼此间信息的展示可以促进人际间纽带的形成。个人信息提高了彼此互动的可能性。个人资料中有关个体的家乡、现住址这些个人信息都可以使其他成员找到自己的老乡或邻居，从而产生纽带认同感，并在现实生活中开始接触联系。同样，联系方式如电话号码、E-mail地址，即时通信工具账户，可以使成员们保持多渠道联系与互动。个体的社会关系网络信息同样可以使成员间建立纽带关系，Yuki等研究发现，人们一旦知道对方的人际关系网络中有很多自己熟悉的朋友，那么就会对对方产生更强的信任感和纽带联系感。人们喜欢那些与自己的喜好、偏好相似的人群，并更愿意与他们在一起交流互动。Newcomb（1960）通过对大学生跟踪调查研究发现，那些具有共同兴趣和偏好的大学生彼此人际吸引很强。研究者甚至可以通过操纵群体成员彼此兴趣偏好相似性感知来改变成员间彼此的纽带认同程度。一个具有代表性的实验室研究就是让被试完成有关个体个性评价和友谊观的问卷之后，被随机分配到任一组，被试者被告知该组成员具有相同的兴趣和价值观。操纵实验的结果表明，被试对群体成员的纽带感会显著增强。Sassenberg等（2003）认为，个体间共同的兴趣偏好使个体很容易在交流互动中产生共振，而共振所产生的巨大能量促使个体间形成亲密关系，随着在兴趣或偏好方面的深入交流与活动，个体间的纽带认同度显著提高。面对日益泛滥的网络信息，消费者面临着信息超载和信息甄别的困境，在这种情况下，个体对产品信息的认同就显得尤为重要。Fisher（2006）通过研究发现，个体对网络商品信息的认同包括两个维度：对产品信息真实性的信任度和对信息价值的认可度。Culnan（2005）认为，认同度高的群体是由一群具有共同身份或共同兴趣的个体在长期的交流互动中形成的，成员彼此间在长期互动中逐步发展出对彼此的信任，使成员对群体内的信息具有比群体外成员更高的信任度。Gefen（2000）的研究也表明，信任可以降低消费者作出购买决策考虑因素的复杂性，面对日益泛滥的网络信息，个体对自己认同的群体发布的信息更加信任。除了信息层面外，根据 Levine 和 Moreland 的研究，认同度高的群体基于共同的身份背景或共同兴趣背景和高频率互动所形成的该群体特有的交流体系，使成员对群体内所分享的信息价值持较高的肯定态度，主要体现在成员对信息的回应、讨论、完善等方面表现出高于群体外成员的参与积极性和高度的信息消化能力。因此，在信息信任与信息价值肯定的基础上，单位信息对成员的影响力显著增强，成员就信息进一步沟通的意愿较高，并愿意加入信息传播的行列。

2.4 消费者商品信息分享效率

赫伯特·西蒙（Herbert A. Simon）认为，没有信息沟通就无法影响个体行为。信息沟通分享的效率是指个体在分享商品信息的过程中，能够以尽可能低的成本在最短的时间内对尽可能多的信息接收者产生影响。这种影响主要包含以下三个方面：一是通过产品信息的分享增加信息接收者的商品知识，加深了信息接收者对产品的功能、用途、品牌、质量、价格等方面的了解，从而完善了信息接收者对产品认知结构。二是通过产品信息的分享，提高了信息接收者对产品的评价度，使信息接收者态度向积极的方向改变。三是通过产品信息的分享，增加了信息接收者对产品的心理需求，提高了他们对产品的购买意愿。在商品信息沟通分享的渠道中，网络社群成员的交流互动是消费者的一个主要商品信息来源，而且社群成员彼此交流的信息比其他信息源更可能被消费者采用。网络社群作为消费者的信息共享平台，降低了消费者的信息搜寻成本，对消费者来说，最重要的是交流产品质量、价格和卖方选择等与购物密切相关的信息，以便做出正确的购买决策。由此可见，满足信息沟通的有效性和效率性是基于网络社群信息传播的重要目标之一。

在研究网络商品信息沟通分享效率的研究中，学者们主要集中在网络口碑对商品信息沟通分享效率的影响。网络口碑传播是消费者体验某种产品之后，对产品的质量、功能、性价比、商家的服务水平等指标进行评价，并通过网络平台分享给其他消费者。学者们通过研究发现，网络口碑在影响消费者购买决策方面要比其他形式的商业广告有更好的效果。随着互联网技术的快速发展，越来越多的消费者使用网络交流互动工具，如网络论坛、社交网站来传播分享产品体验和交流产品信息。网络口碑在改变潜在消费者对产品的评价度、影响消费者购买意愿和决策方面之所以有如此巨大的影响力，主要取决于产品评论来自消费者群体，是站在消费者的角度对产品进行了相对客观的评价，在信息可信度方面较商业广告更能让潜在消费者产生信任。另外，消费者的群体意识使消费者对产品的体验更能产生共鸣，使消费者在选择购买产品的时候更加重视其他消费者对于产品的使用体验的评价。综合上述研究成果可知，网络口碑是研究商品信息分享效率的一个重要视角。

但是，近年来，随着学者们对消费者间商品信息分享效率研究的深入，发现网络口碑在提高潜在消费者产品评价度的效率方面存在许多问题和障碍。潜在消费者在网络平台浏览相关产品的评论时，信息发布者的身份、所掌握的产品知识、个体诚信度以及发布商品信息的真正目的存在很大的不确定性，因此，潜在消费者对信息发布者对产品的评论的质量和可信度存在质疑，从而网络口碑在提高消费者评价度方面可能存在低效率的现象。Park 等（2007）通过实证研究发现，网络评论信息的可信度低于传统的口碑信息。由于网络的开放性与虚拟性，信息接收者难以判别产品信息传播者的可信程度、熟悉程度和产品知识水平，因此造成了网络口碑和网络评论在信息分享过程中效率损失的发生，Mudambi 和 Schuff（2010）研究发现，商品信息分享者对相关产品的评论信息质量对潜在消费者提高产品评价度和购买意愿具有显著的正向影响，并指出消费者间商品信息的分享效率主要取决于所发布的相关产品评论信息是否能够切实有效地提高消费者对产品的评价度并能促进消费者做出相关产品购买决策。商品信息评论质量是指嵌入分享的商品信息中的观点所具有的说服力度。商品信息评论质量测量维度为评论的相关性、时效性、可信性、精确性和充分性。消费者间商品信息分享是信息分享者通过向分享的目标群体传递产品使用体验和商品信息来提高潜在消费者的产品评价度和购买意愿。Janis 和 Hovland（1959）研究发现，消费者间商品信息分享包括四个要素：信息分享者、信息分享质量、信息分享受众目标群体、信息分享结果。其中，信息分享者代表了信息源的特征，如信息分享者的身份、诚信度、所掌握的相关产品知识水平。信息分享质量包括分享信息的真实性程度、相关性、价值性和易读性。信息分享受众目标群体特征包括信息接收者对产品的了解程度、产品卷入程度、与信息分享者的关系距离以及消化理解产品知识的能力。信息分享结果指在信息分享的过程中，信息接收者在相关信息的影响下，对产品的评价度和购买意愿是否提升。Cheung 等（2008）研究发现，商品信息来源的可信性通常包含商品信息传播者的产品知识专业程度和个体人品的可信赖程度这两个维度，实证发现商品分享信息来源可信性与潜在消费者感知信息的有用性呈正相关关系。Racherla 和 Friske（2012）认为，产品信息分享者的特征（如专业性、声誉、身份披露）和信息分享内容的质量（如评论详尽性和可信度）都能影响消费者对分享的信息的感知有用性，从而影响了信息分享效率。Arndt（1967）就认为，信息的个人来源对消费者偏好和购买决策有很强的影响，因为潜在消费者在判断信息的价值和有用性的时候，会同时使用规范性线索（如信息来源的可信性、信息来源类型）和社会性线索（如社会关系和个体之间的相似度）。这样看来，如果信息分享者是来自庞杂网络的任意一点，势必会在信息的可信度和与信息接收者的相关度等方面处于天然的劣势，因此以网络口碑为代表的商品信息消费者间分享效率还有待通过加入社群关系的机制加以提高。

2.5 文献综述评论

网络团购商业模式在国内出现的时间很短，属于新鲜事物，因此国内学者对网络团购的研究还处于初始阶段。近年来，国内学者对网络团购的研究主要集中在以下几个方面：一是对网络团购现象、组织方式与发展模式进行描述和阐释。二是从消费者间信任、网络口碑、商家信誉等视角研究消费者参与网络团购意愿的影响因素。国外对网络团购的研究主要集中在网络团购动态价格拍卖机制以及拍卖议价模型的优化，把参与团购的个体更多地被看作博弈者而非合作者。

目前，有关网络团购的文献还设有涉及团购机制设计原理的研究。即为什么要网络团购？网络团购存在的理论基础是什么？网络团购与其他面对个体销售的策略有什么不同？又有什么优势？解答这些问题将深化我们对网络团购经营模式本质的理解，从根本上改变我们对网络团购这种独特的经营模式的认知。本书认为，网络团购的核心不是低价策略，而在于网络团购中“团”的功能设计。供应商利用优惠团购价格去激励那些产品体验度良好、对产品评价度高的消费者充当企业的“销售代理”，利用自身的网络社群资源去传播分享产品信息和使用体验，从而提高更多的潜在消费者对产品的评价度和购买意愿，使网络团购策略与面对个体销售的高价和低价策略相比，要优于其他两个价格策略从而成为优势策略。因此，深入挖掘网络团购机制设计的原理成为网络团购研究领域需要解决的关键问题。

网络团购成为优势策略还要取决于网络社群的认同机制和消费者间商品信息分享效率。在网络社群研究的文献中，我们可以确定网络社群成员直接的信息交流互动是消费者间相互影响的重要渠道之一。通过对群体认同机制的文献回顾发现，由于网络社群不存在于实体空间，因此维系社群的生存与发展的重点在于网络社群成员对所在社群的认同感，同时群体认同也是成员进行互动、参与群体信息交流的必要条件。群体认同是社会心理学的重要研究课题之一，但管理学领域很少有学者研究。本书通过将群体认同理论引入到网络团购的研究当中，对群体认同理论在消费者行为学的拓展中具有深刻的理论意义。

在消费者信息分享效率研究的文献中，大多是基于信息理论的网络评论和网络口碑影响，是从散落于庞杂网络的个体视角下研究网络信息沟通效率的，但由于存在大量无须承担任何责任的一次性信息交流所导致较低的网络信任度以及依靠网络发帖而生存的网络“水军”的信息扰乱，使网络信息沟通效率难以真正发挥影响消费者决策的效应。与离散的网络个体相比，网络群体是基于成员间一定程度上的信任、承诺以及共同需求目标的基础上形成的，是现实世界中人与人关系的拓展与延伸。因此，基于群体认同与互动的角度来研究消费者信息分享效率，将会开辟产品信息传播与扩散研究的新视角。

2.6 小结

本章对于本书涉及的主要理论和前人的研究进行了回顾和梳理，包括网络团购、网络社群、群体认同理论、消费者商品信息分享效率。最后通过对文献综述结果进行评论，归纳现有研究的贡献与不足，并明确阐述本书的研究方向与价值。

3　网络团购效益最大化必要条件研究

3.1　证明问题

网络团购策略的设计本质在于通过低于市场价的团购价格吸引消费者组团购买，因此在营销策略中属于价格策略的范畴。除了网络团购以外，供应商还可以采取直接面向个体销售的策略。面向个体直接销售的价格策略中，主要包括高价策略和低价策略。本章的研究问题在于通过建立这三种销售策略的最优价格和最优利润模型进行比较，从而推导出在满足哪些条件下，网络团购策略的最优利润高于高价和低价策略，从而成为优势策略。并通过对模型构建的分析，探讨网络团购设计机制的核心要素。

3.2　模型构建

我们假设市场上存在两类细分市场。一类市场代表熟悉产品并具备一定产品知识的消费者集合，设为集合 A。另一类市场是由不了解产品的潜在消费者组成的集合，设为集合 B。

我们先考虑消费者行为：

假设集合 B 对产品的评价为 E_0，集合 A 对产品的评价为 $E_0+\mu K(K\geqslant 0)$。其中，μ 代表每单位产品信息对消费者产品评价度所产生的影响力度，K 代表两类消费者之间的产品知识差或信息差。导致消费者关于某种产品所形成的产品知识差有以下两个主要原因：①由于消费者在时间、能力、知识、信息感知等方面存在客观的差异，因此在搜寻产品信息和吸收产品信息的过程中存在异质性；②企业由于资金预算的约束或传统大众传媒广告在抵达每一个相关消费者的局限性，在宣传普及企业产品信息时无法覆盖所有的消费者，因此客观上企业很难保证市场中所有消费者对本企业的产品有相同的了解程度。一般情况下，消费者对产品信息的掌握程度对于其对产品评价度具有显著的正相关影响，消费者所掌握的产品信息越多，就对产品价值了解越充分，因此对产品的评价度会越高。反之，消费者对产品信息了解得很少，就阻碍了潜在消费者对产品价值的感知，因此对产品的评价度越低。因此，消费者关于产品所形成的信息差会严重阻碍那些对产品信息掌握较少的消费者去充分了解体验产品真正的价值，从而导致了两类消费者集合对产品的评价度产生差值 μK。

我们再考虑企业行为：

在传统的企业销售过程中，企业通常采取以相对固定的价格面对个体消费者进行销售的交易模式。企业根据处于不同生命周期的产品来选择相对应的产品销售策略。根据产品生命周期理论，新产品在投入市场阶段处于产品投入期。在这个阶段，市场中大部分顾客对产品还不了解，只有一定数量的创新采用者和具有一定产品信息的早期采用者可能购买产品，因此销售量很低。企业为了迅速扩展产品销路和扩大市场份额，通常需要投入大量的促销和广告费用对产品进行宣传。与此同时，由于技术方面的原因，产品有待进一步完善，产品不能大批量生产，因而制造成本较高，销售额增长缓慢，企业销售利润很低甚至为负值。根据这一阶段的特点，企业通常采取快速撇脂策略，把销售力量直接投向对产品评价度高的消费者，实行高价策略，力争在每单位销售额中获取最大利润，尽快收回投资。在这里，我们把这种策略定义为高价策略，即企业通过仅向了解商品并对产品评价度高的消费者收取高价以获得利润率最大化。本书假设产品销售的成本费用为 0，对模型进行简化，以便构建的模型准确把握所要研究的问题。

因此在高价策略下的最优价格和最优利润如下所示：

最优价格：$P_H^* = E_0 + \mu K$ 最优利润：$W_H^* = E_0 + \mu K$

当产品进入成熟阶段，随着市场对产品熟悉度逐步提高，两类细分市场的消费者关于产品的信息差不断缩小直至趋近于零，大量的潜在顾客开始加入购买的行列，产品知名度不断提升，市场份额也随之逐步扩大。产品开始大批量生产，生产成本相对降低。与此同时，竞争者看到有利可图，纷纷进入市场参与竞争，同类产品供给量增加。企业为了迅速占领市场份额，产生规模效应，通常会采取薄利多销策略：即通过低价策略将产品扩展到两类消费者市场。

因此在低价策略下的最优价格和最优利润如下所示：

最优价格：$P_L^* = E_0$　　最优利润：$W_L^* = 2E_0$

随着网络技术的发展，众多地理上分散的消费者为了获取优惠的价格，会过网络社会媒介的关系与沟通渠道组团向商家购买产品，为商家提供了第三种销售模式，即网络团购策略。网络团购的前提条件是消费者只有达到了商家指定的团购人数的最低标准，才能够享受优惠的价格购买商品。因此，我们提出网络团购策略的核心价值是基于这样的商业逻辑：当消费者对于产品存在适度的信息差时，由于商品知识的差异导致消费者对产品的评价也有所不同。当优惠的团购价格低于熟悉产品的消费者对该产品的评价时，便产生了消费者剩余价值，从而激励了那些追求剩余价值的消费者为了达到网络团购所规定的最低人数和组团时间，积极主动地充当企业产品的“推销者”，向不熟悉产品的潜在消费者传播产品知识（如产品的功能、质量、服务等）、分享使用体验，形成消费者间的互动教育，并努力说服潜在消费者加入团购行列。我们将这个过程定义为消费者主动传播机制。

根据以上逻辑推理，网络团购价格折扣可以看作产品供应商对产品信息度高的消费者在网络团购信息传播和“游说”的过程中所付出努力的一种经济补偿或经济奖励。这种补偿，我们将它表示为 $\lambda^{-1}\Delta K$，其中，$\Delta K \geqslant 0$，代表产品熟悉度和评价度高的消费者集合向产品信息度低的潜在消费者集合所分享产品信息的总量，λ 代表熟悉产品的消费者向潜在消费者分享团购信息时的信息分享效率。

网络团购策略与面对个体消费者的销售策略的一个重要差异在于交易时间的长短。个体销售策略下，具有购买意愿的消费者只要对产品的评价度高于价格就会在交易期间的最初时点购买，而在网络团购策略下，产品知晓者需要一定的时间去寻找潜在消费者，并通过信息传播与分享说服他们加入团购的行列。整个交易过程从消费者做出购买决策开始，一直到团购人数达到规定人数，交易才能完成。因此，交易的最终达成发生在整个交易过程的最后。在这个过程中，涉及信息分享者的自我效能感。自我效能感的概念是由美国著名心理学家 A. 班杜拉于 1977 年首次提出，是社会认知理论中的一个重要核心概念。自我效能感是指个体对自身完成既定行为目标所需要的资源和能力的判断，是个体对自身能力的一种主观判断而非能力本身。自我效能不是一种整体性的自我概念，而是个体根据具体的任务和情境做出的一种判断。换言之，自我效能总是与特定的行为或任务相联系，不是简单的自我评价，而是根据具体的工作任务确定自己的能力情况。在自我效能理论中，班杜拉非常关注人类所具有的“预期”

能力。将预期视为知识与行为的中介，是行为的决定因素，并把预期分为结果期待和效能预期。如果某个人觉得努力工作就会获得上级肯定和更多的晋升机会，那么他在行为层面就可能会努力工作。A. 班杜拉将这种预期称为“结果预期”，是某种行为导致某种结果的个人推测或预测。换言之，如果人们能够预测到某一特定行为将会导致特定结果，那么这一行为就可能被激活或被选择。当某个人不仅知道努力工作可以带来更多的晋升机会，而且还确信自己有能力胜任时，就会切实地努力工作。这种预期就是 A. 班杜拉所定义的效能预期，即个人对自己能否顺利地进行某种行为产生一定结果的自信。所以，效能预期是人对自己能否进行某种行为的实施能力的推测或判断，它表明人是否确信自己能够成功地进行带来某一结果的行为。班杜拉进而把能知觉到的效能预期称为“自我效能感”，认为自我效能感本质上就是效能预期，表现为个体对自身完成某项任务能力的自信程度。A. 班杜拉认为，人即使懂得某种行为会产生某种结果，但如果怀疑自己能否完成这种行为，则这种信息（结果预期）就不会影响行为决策。如果个体知觉到的效能预期越强，就越倾向于做更大程度的努力。当人确信自己有能力进行某一行为并达成行为绩效时，就会产生高水平的“自我效能感”并会去进行这一活动。根据自我效能感理论，我们用 $\alpha \in [1, 0]$ 来表示产品评价度高的消费者的自我效能感，即产品评价度高的消费者对自身完成组团这一任务的自信程度。α 值越趋近于 0，意味着产品评价度高的消费者虽然知道组团成功就会为自己赢得消费者剩余，但对自身完成组团这一任务的效能预期很低。换言之，即对自己完成组团能力的自信程度越低，越倾向于放弃团购信息的传播和分享的努力，继而转向直接购买。反之，α 值越趋近于 1，意味着产品评价度高的消费者集合不但知道组团成功会为自己赢得消费者剩余，而且对自身完成组团这一任务的效能预期很高。换言之，即对自己完成组团能力的自信程度很高，当他确信自己有能力进行有效的团购信息分享并能成功组团时，他的自我组团效能感越强，他就会努力去分享团购信息和产品体验，并努力说服潜在消费者加入团购。因此，产品评价度高的消费者组团自我效能感 α 与团购利润呈正相关。网络团购策略是通过产品评价度高的消费者作为企业的“销售代理”说服潜在消费者，因此网络团购策略是向两个细分市场销售产品，因此网络团购的利润公式可以表示为：

$$W_G = 2\alpha P_G \quad \text{公式（3–1）}$$

网络团购的价格 P_G 和产品评价度高的消费者向潜在消费者分享的网络团购信息总量 ΔK 须服从以下两个约束条件：①产品信息度高的消费者对产品的评价度 $E_0 + \mu K$ 减去 P_G 即网络团购价格，再减去他们为征募潜在消费者组团所付出的努力 $\lambda^{-1}\Delta K$，如果结果大于或等于 0，意味着他们还有一定的消费者剩余或持平，因此他们还有动力去分享团购信息、去组织团购。但如果结果小于 0，意味着他们的消费者剩余为负数，那么他们就会丧失组团的激励和动力，从而放弃组团转向直接购买。因此网络团购的价格要降低到使评价度高的消费者的消费者剩余足以弥补他们为征募潜在消费者组团成功所付出的努力。该约束条件表示为 $E_0+\mu K-P_G-\lambda^{-1}\Delta K\geqslant 0$。②根据激励相容理论，销售代理会以最小的信息分享程度达到劝说潜在消费者加入团购。换言之，评价度高的消费者如果能用九分的努力分享信息就能说服潜在消费者达到组团的人数，即他们就不会使用十分的努力分享信息。换言之，如果产品评价度高的消费者分享了 N 个单位的信息的时候，就能把潜在消费者对产品的评价度提高到团购价格，潜在消费者愿意参加团购，团购达到了可以交易的指定的最低人数，信息分享者就不会继续分享信息。该约束条件表示为 $E_0+\mu\Delta K-P_G=0$。因此，网络团购策略的约束条件为：

$$E_0+\mu K-P_G-\lambda^{-1}\Delta K\geqslant 0 \quad \text{公式（3-2）}$$

$$P_G=E_0+\mu\Delta K \quad \text{公式（3-3）}$$

将公式（3-3）分别代入公式（3-1）和公式（3-2），得：

$$W_G=2\alpha(E_0+\mu\Delta K) \quad \text{公式（3-4）}$$

$$0\leqslant\Delta K\leqslant\frac{\mu\lambda}{\mu\lambda+1}K \quad \text{公式（3-5）}$$

由公式（3-4）和公式（3-5）可知，当 $\Delta K^*\leqslant\frac{\mu\lambda}{\mu\lambda+1}K$ 时：

$$P_G^*=E_0+\mu\Delta K^*=E_0+\frac{\mu^2\lambda}{\mu\lambda+1}K \quad W_G^*=2\alpha P_G^*=2\alpha(E_0+\frac{\mu^2\lambda}{\mu\lambda+1}K) \quad \text{公式（3-6）}$$

综合以上讨论，我们得出：

（1）高价策略下，最优价格：$P_H^*=E_0+\mu K$，最优利润：$W_H^*=E_0+\mu K$。

（2）低价策略下，最优价格：$P_L^*=E_0$，最优利润：$W_L^*=2E_0$。

（3）团购策略下，最优价格：$P_G^*=E_0+\frac{\mu^2\lambda}{\mu\lambda+1}K$，最优利润：$W_G^*=2\alpha(E_0+\frac{\mu^2\lambda}{\mu\lambda+1}K)$。

从上面三种策略的比较，我们可以初步了解到三种策略的差异性。尽管高价策略收取了最高的价格 $[P_H^*>\max(P_L^*, P_G^*)]$，但该策略由于产品价格处于高价位，远远高于不熟悉产品的潜在消费者的评价度，所以无法获取产品信息度低的消费者市场，只能服务于一个细分市场的消费者，即对产品评价度高的消费者。而网络团购策略和低价虽然方式不同，但却可以同时触及这两个消费者市场。低价策略通过提供非常低廉的价格 $P_L^* = E_0$，不但低于熟悉产品的消费者的评价度，而且等于产品的潜在消费者的评价度，从而可以将产品拓展到两类消费者市场。而网络团购策略是通过提供适度低于熟悉产品消费者的评价度的折扣价格作为网络团购价，去激励那些对产品评价度高的消费者为了达成团购交易而去劝说潜在消费者，从而通过消费者之间的信息分享沟通来拓展两类市场的（$P_G^* = E_0 + \mu\Delta K^*$）。虽然两种策略的最优价格都低于高价策略，但是网络团购策略的价格要高于低价策略价格（$P_G^* > P_L^*$），从而导致了更高的利润率（$W_G^* > W_L^*$），原因在于产品信息通过消费者间的互动传播可以提高产品信息度低的消费者对产品的评价，因此市场可以在一个相对高的价格下拓展。模型各符号含义如表 3-1 所示。

表 3-1 模型各符号含义

符号	含义
W_L、W_H、W_G	依次为低价策略、高价策略和团购策略的利润
P_L、P_H、P_G	依次为低价策略、高价策略和团购策略的价格
E_0	不熟悉产品的消费者对产品的评价度
K	熟悉产品与不熟悉产品的消费者间的产品知识或信息差
ΔK	高信息度的消费者集合向低信息度的潜在消费者集合所分享产品信息的总量
μ	每单位产品信息所提高的消费者产品评价度
λ	产品评价度高的消费者向不熟悉产品的潜在消费者的信息分享效率
α	产品评价度高的消费者组团自我效能感

3.3 模型推导

为了确定与高价策略和低价策略相比，网络团购策略在什么条件下为最优策略，本书对这三种策略的利润最大值进行比较。

比较 1：高价策略与低价策略的比较：

$$W_H^* - W_L^* = E_0 + \mu K - 2E_0 = \mu K - E_0 \qquad \text{公式（3-7）}$$

由公式（3-7）可得，当且仅当 $K > K_1 = E_0/\mu$ 时，$W_H^* > W_L^*$。

比较 2：团购策略与低价策略的比较：

$$W_G^* - W_L^* = -2(1-\alpha)E_0 + 2\alpha\frac{\mu^2\lambda}{\mu\lambda+1}K \qquad \text{公式（3-8）}$$

由公式（3-8）可得，当且仅当 $K > K_2 = (1-\alpha)(\lambda\mu+1)E_0/\lambda\alpha\mu^2$ 时，$W_G^* > W_L^*$。

比较 3：团购策略与高价策略的比较：

$$W_G^* - W_H^* = (2\alpha-1)E_0 + \frac{(2\alpha-1)\lambda\mu - 1}{\lambda\mu+1}\mu K \qquad \text{公式（3-9）}$$

对公式（3-9）分情况讨论：

（1）当 $\alpha \leqslant 1/2$ 时，$W_G^* \leqslant W_H^*$。

（2）当 $\alpha > 1/2$，$\lambda > \lambda_1 = \dfrac{1}{(2\alpha-1)\mu}$ 时，$W_G^* > W_H^*$。

（3）当 $\alpha > 1/2$，$\lambda < \lambda_1$ 时，当且仅当 $K < K_3 = (\lambda\mu+1)(2\alpha-1)E_0/\mu[1-(2\alpha-1)\mu\lambda]$ 时，$W_G^* > W_H^*$。

综合比较（1）~（3），我们可以得出在以下两种情况下使用团购策略：

情况 1：当 $\alpha > 1/2$，$\lambda > \lambda_1$，$K > K_2$ 时，团购策略优于低价和高价策略；

情况 2：当 $\lambda > \lambda_2 = 1 - \alpha/(2\alpha-1)\mu$ 时，$K_3 > K_2$，因此，当 $\alpha > 1/2$，$\lambda_2 < \lambda < \lambda_1$，$K_2 < K < K_3$ 时，团购策略优于低价和高价策略。

综合上述两种情况，当 $\alpha > 1/2$，$\lambda > \lambda_2$，$K_2 < K < K_3$ 时，团购策略为最优策略。

推论的结果显示，网络团购策略比其他两种面对个体销售策略更具有营利性。第一，要满足消费者对产品存在适度的产品信息差。如果消费者的产品信息差过大，意味着产品信息度高的消费者与产品信息度低的消费者对产品的评价差距非常大，这种情况通常存在于产品生命周期的投入期。此时，市场中大部分顾客对产品还不了解，只有少数了解产品的顾客可能购买，销售量很低。为了扩展销路，需要大量的促销费用，用于对产品进行宣传。在这一阶段，由于技术方面的原因，产品不能大批量生产，因而成本高，销售额增长缓慢，因此商家的最优策略是放弃评价度低的消费者，通过高价策略仅抓住评价度高的消费者市场获取最大利润。如果消费者的产品信息差别过小，意味着大部分消费者对产品非常了解，产品评价度差距不大，这种情况通常存在于产品生命周期的成熟期，市场需求趋向饱和，潜在消费者已经很少，销售额增长缓慢直至转而下降，因此，商家的最优策略是通过低价策略拓展尽可能大的市场份额。如果消费者的产品信息差别处于适中的水平，那么由于产品的信息差所导致的产品评价度差也处于适中的水平，即市场上对产品评价度高的消费者和评价度低的消费者数量基本接近，这种情况通常存在于产品生命周期的成长期。此时，虽然可以采用低价策略将价格降低到不熟悉产品的消费者对产品评价度的水平，但是商家损失了高信息度消费者对产品评价度高于低价格那部分收益及生产者剩余的减少。因此，商家此时的最优策略是通过网络团购策略，团购价格只要略微低于熟悉产品消费者的产品评价度，通过团购人数和时间的约束，就可以激励高信息度的消费者为了追求自身的消费者剩余，充分利用自身的关系网络，在所在社群中传播产品信息和知识，分享使用体验，说服潜在消费者加入团购的行列，从而让更多消费者了解产品，提高产品评价度，从而影响他们的消费决策，达到了利用网络社会媒介力量以较低的成本拓展市场。以上讨论解释了为什么信息差大有利于高利润策略，信息差小有利于薄利多销策略，信息差适度有利于网络团购策略。

第二，网络团购策略成为最优策略还要满足团购信息分享者组团自我效能感大于1/2，或者可以理解为团购信息分享者中要有超过1/2的成员具有较高组团自我效能感。产品评价度高的消费者购买决策通常面临着两个选择：直接购买和网络团购，两者的区别在于交易时间和交易价格。在直接购买的策略下，消费者的产品评价度只要高于产品的价格，就可以在交易的初始阶段完成购买。如果选择了网络团购的策略，评价度高的消费者要花费一定的时间找到潜在消费者并游说他们加入团购，交易的完成发生在团购达到了指定人数的时候，我们假设为在交易的结束阶段。虽然团购价格低于直接购买的价格，但如果产品评价度高的消费者组团自我效能感很低的话，换言之，对自身完成组团这一任务的自信程度和结果预期很低，为了不延迟自身满足感，就会放弃团购信息的传播和分享的努力，继而转向直接购买。反之，如果团购信息分享者自我组团效能感越强，就会努力分享团购信息和产品体验，并努力说服潜在消费者加入团购，团购信息分享者努力程度越大，就能争取到越多的潜在消费者加入团购的行列，便会增加网络团购策略的利润。

消费者间的团购信息分享效率 λ 在几个方面影响网络团购的最优性。如果 λ 太小（$\lambda \leq \lambda_2$），网络团购的优势将消失殆尽。网络团购的机制在于依靠产品知晓度高的消费者充当“销售代理”，通过他们的信息分享和人际影响来扩展市场，因此团购策略成功的关键点在于商家提供多少激励（即团购优惠价格）来弥补信息分享者的努力。如果消费者间关于团购的信息分享效率很低，评价度高的消费者就要付出越多努力的分享信息，商家提供的优惠幅度就越大，才能弥补产品评价度高的消费者的分享努力，那么商家通过网络团购策略拓展市场的动力就会越小。反之，如果消费者间团购信息分享效率越高，商家需要补偿给信息分享者的努力也会降低，商家提供的优惠幅度就会越小，当优惠的团购价格达到只是略低于零售价格水平的时候，这就大大提高商家的利润率。

3.4　结论讨论

综合以上分析，与低价策略和高价策略相比，网络团购要实现利润最大化成为优势策略必须同时满足三个条件：一是消费者对于产品信息差处于适度水平。二是对产品评价度高的消费者要具有较高的组团自我效能感。三是要具备较高的消费者网络团购信息分享效率。

以上关于网络团购机理的模型构建和理论推演，为从事网络团购相关的企业运用网络团购策略提供了重要的启示。消费者之间的产品信息差是随着产品生命周期发展而客观存在的，企业无法改变，只能严格遵循客观规律，在消费者对于产品处于适度的信息差时（通常是在产品成长期阶段）使用网络团购策略，才能使网络团购策略成为优势策略成为可能。而针对产品评价度高的消费者组团自我效能感以及消费者网络团购信息分享效率，企业可以通过相应的网络社群的机制设计和改良加以提高，从而最终达到网络团购成为优势策略的目标。Bickhart（2001）认为，与离散的网络个体相比，认同度高网络群体是基于成员间一定程度上的信任、承诺以及共同需求目标形成的，是现实世界中人与人关系的拓展与延伸。在群体认同度较高的社群中，群体的交互对信息分享者的组团自我效能感会产生影响，同时，群体认同度较高的社群成员的交流信息的影响力度对群体内成员来讲要远远大于群体外成员，信息分享效率要高于群体外成员。

因此，本书进一步研究在网络社群情境下有哪些因素可以影响产品评价度高的消费者组团自我效能感以及消费者网络团购信息分享效率。通过文献阅读和分析，本书引入了社会心理学领域的身份认同和纽带认同理论，下章重点考察影响产品评价度高的消费者组团自我效能感以及消费者网络团购信息分享效率的因素。

3.5 小结

本章通过对网络团购机制设计的机理研究发现，当消费者对于产品存在适度的信息差时，由于商品知识的差异，导致消费者对产品的评价也有所不同。当优惠的团购价格低于熟悉产品的消费者对该产品的评价时，便产生了消费者剩余价值，从而激励了那些追求剩余价值的消费者为了达到网络团购所规定的最低人数和组团时间，积极主动充当企业产品的“推销者”，向不熟悉产品的潜在消费者传播产品知识（如产品的功能、质量、服务等）、分享使用体验，形成消费者间的互动教育，并努力说服潜在消费者加入团购行列。在对网络团购成为优势策略的必要条件的研究中，通过构建模型和理论推导，得出：与低价策略和高价策略相比，网络团购要实现效益最大化，成为优势策略必须同时满足三个条件：一是消费者对于产品信息差处于适度水平。二是对产品评价度高的消费者要具有较高的组团自我效能感。三是要具备较高的消费者网络团购信息分享效率。从而为第 4 章进一步研究在网络社群情境下哪些因素可以影响产品评价度高的消费者组团自我效能感以及消费者网络团购信息分享效率奠定了坚实的理论基础。

4 社群认同对网络团购效益最大化影响的理论模型

基于第 3 章的研究结论，我们可以发现，网络团购设计机制的原理在于当消费者对于产品存在适度的信息差时，由于商品知识的差异导致消费者对产品的评价也有所不同。当优惠的团购价格低于熟悉产品的消费者对该产品的评价度时，便产生了消费者剩余价值，从而激励了那些追求消费者剩余价值的消费者为了达到网络团购所规定的最低人数和组团时间，积极主动地充当企业产品的“推销者”，向不熟悉产品的潜在消费者传播产品知识（如产品的功能、质量、服务、性价比等）、分享使用体验，形成消费者间的互动教育，并努力说服潜在消费者加入网络团购行列。在这个机制的作用下，网络团购要充分发挥其商业模式的优势，实现效益最大化，必须满足以下三个条件：①消费者对于产品信息差处于适度水平；②对产品评价度高的消费者要具备较高的组团自我效能感；③在网络社群内，成员间在分享网络团购信息的时候，要具备较高网络团购信息分享效率，即通过社群内的信息分享，可以有效率地提高潜在消费者对团购商品的卷入度和评价度，从而影响潜在消费者的决策，提高他们的参与网络团购的意愿。

根据上述网络团购效益最大化的三个必要条件，本书继续深入探索哪些因素可以影响这三个条件，从而建立网络团购效益最大化的影响因素模型。通过模型的建立与检验，不但在理论上深化了对网络团购效益最大化机理的研究，而且对网络团购如何成为优势策略进行了全面系统的研究，为企业和相关网络团购网站在制定和如何运用网络团购策略时提供坚实的理论基础和有实践价值的营销指导。

网络团购效益最大化的第一个必要条件是消费者对于产品信息差处于适度水平，这个条件是客观存在的，无法通过人为的因素进行干预和改变。因为根据产品生命周期理论，任何一个商品都要经历投入期、成长期、成熟期和衰退期，在商品生命周期中，必然存在市场上的消费者对产品由陌生到熟悉的过程。因此，在产品处于投入期和成长期阶段的时候，消费者对产品的信息差以及由信息差所导致的产品评价度差异是客观存在的，企业或网络团购相关经营者只能尊重客观规律，顺势而为，在产品处于成长期的时候，即消费者产品信息差处于适度水平的阶段，采用网络团购策略，这样才能充分发挥网络团购设计机制中的优势，即利用产品熟悉度高、产品体验良好的消费者为了组团成功而向产品信息度低且无产品体验的潜在消费者传播分享产品信息和产品体验，使消费者充当了企业产品的“推销员”从而达到消费者间的相互教育，以团购价格的微小代价获取成本较高的广告所难以达到的传播效果，为企业产品在由成长期向成熟期过渡的过程中，利用消费者自身关系网络的强大力量和效应，使企业产品迅速提高品牌知名度、快速扩展市场份额。

网络团购效益最大化的第二个必要条件是对产品评价度高的消费者要具备较高的组团自我效能感。具体来讲，团购信息分享者中要有超过 1/2 的成员具有较高组团自我效能感。在直接购买的策略下，消费者的产品评价度只要高于产品的价格，就可以在交易的初始阶段完成购买。如果选择了网络团购的策略，评价度高的消费者要花费一定的时间找到潜在消费者并游说他们加入团购，交易的完成发生在团购达到了指定人数。虽然团购价格吸引产品评价度高的消费者具有组团意愿，但如果其组团自我效能感很低的话，为了不延迟自身对产品的满足感，就会放弃团购信息传播和分享的努力，继而转向直接购买。反之，如果团购信息分享者自我组团效能感强，对组团成功的预期较高，就会努力去分享团购信息和产品体验，并努力去说服潜在消费者加入团购。团购信息分享者努力程度越强，就能争取到越多潜在消费者加入团购的行列，就会增加网络团购策略的利润水平。基于上述分析，影响网络团购信息分享者的组团自我效能的因素成为深入研究的重点。A. 班杜拉在自我效能感的研究中发现，自我效能形成的信息来源和主体作用机制过程无法脱离周围社会关系的影响。作为自我效能信息来源的传递载体，个体所在的群体如家庭、朋友、学校和社会关系对个体将要完成的任务的认同程度、信息反馈、支持程度都显著影响了个体对完成某项特定任务的自我效能感。就基于网络社群的团购而言，当产品评价度高的消费者在网络社群内组团的过程中，组团任务的成功与否不仅取决于个体的能力和努力，更重要的是组团者能够感知到群体成员对所分享的网络团购信息的认同程度，即对信息分享者所分享的团购信息表现出关注、信任以及感知价值的程度。因此，社群成员作为组团的重要组成部分和主体构成，对团购信息的认同度在信息分享者的组团效能感的形成过程中扮演了重要的角色。

网络团购效益最大化的第三个必要条件是在网络社群内，成员间在分享网络团购信息的时候，要具备较高的网络团购信息分享效率，即通过社群内的信息分享，可以有效率地提高潜在消费者对团购商品的卷入度和评价度，促使更多成员加入信息分享的行列，从而影响潜在消费者的决策，提高他们参与网络团购的意愿。根据对消费者间商品信息分享效率文献回顾，以往有关消费者间商品信息分享效率的研究主要是从散落于庞杂网络的个体视角下研究网络信息分享效率的，但由于网络分散的个体存在低信任度以及缺乏组织关联的散落节点的信息分享效率很难在短时间内提升消费者对产品评价度的现实问题，本书将研究的视角转向了网络社群中的认同理论。因为与离散的网络个体相比，网络群体是基于成员间一定程度上的信任、承诺、共同需求、共同目标以及共同兴趣偏好形成的，是现实世界中人与人之间关系的拓展与延伸，成员间分享交互的商品信息更容易获得成员的关注、卷入、信任，从而可以提高消费者对团购信息的认同度。因此，基于网络社群的信息分享效率要远远高于社群外的信息分享效率。

在社会心理学的研究领域，众多学者通过研究发现，个体对所在群体的认同方式与程度显著影响了个体对所在群体内所分享信息的认同度。因此，本章基于身份认同和纽带认同理论来研究网络社群成员对群体的认同如何影响成员对网络团购信息认同，以及成员对社群内分享团购信息认同度如何影响信息分享者组团自我效能感和网络团购信息分享效率，最终达到解释个体对群体的认同是如何影响网络团购效益最大化的目的。理论构建的基本框架和思路如图 4–1 所示。

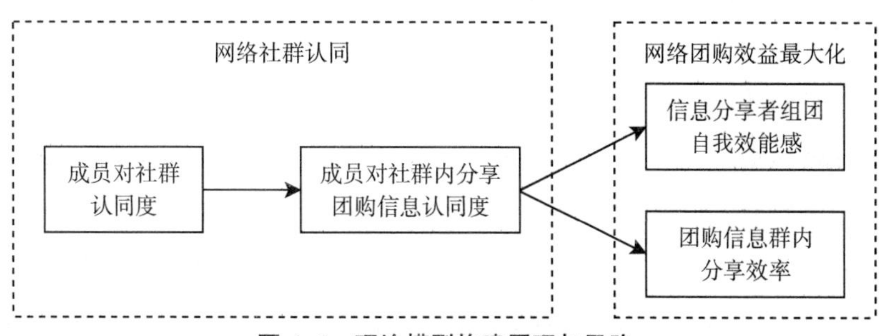

图 4–1 理论模型构建原理与思路

4.1 身份认同影响因素

4.1.1 社会分类对身份认同的影响

社会分类（Social Categorization）是指个体在产生社会知觉时，认知到自身与群体在某些方面存在一致性或重叠，从而主观认知或情感上将自己归属于该群体的过程。个体通过定义一群人作为同一个社会类别的成员来建立群体身份。类化的标准可以基于各种客观标准，如职业、种族、学历、地域等，也可以是主观的标准，如共同的信仰和信念。社会学的研究成果表明，社会分类普遍存在于人们的社会生活中，即使是采用最简单的分类标准甚至是随机对互不相识的人们进行分组的方式，都将导致个体的自我类化的产生。Postmes（2001）研究发现，社会分类可以提高个体对群体的身份认同度，社会分类突出了职业、社会阶层以及社会角色的地位，激起了个体将自我认同与身份认同相联系的意识，个体通过群体的存在找到自我存在的价值与在社会上的归属感，也为自我在社会上的言行找到了参照群体和依据。Michinov 等（2004）研究发现，把个体界定为同一社会范畴可以显著提高个体对群体的认同度。范畴界定通常采取分类的方式。分类既可以根据客观标准，如组织成员、职业等，也可以根据主观标准，如参与者的政治信仰或价值观等。研究小组采用实验法，将彼此互不相识的被试者随机分配到各组，并且赋予各组名称，为各组配备了统一的制服，结果发现同组内的个体表现出对所在群体非常强的身份认同感，组内成员在群体之间的竞赛中为了所在群体的利益而努力合作并共同维护所在群体的荣誉。这些实验不仅在现实世界中得到验证，而且在网络环境中也得到了验证。Amichai Hamburger（2005）研究发现，许多在线病友互助社区中的成员，他们对社区的认同是因为他们具有共同的身份，即某一疾病的患者或幸存者，他们在社区这个平台上分享共同的患病体验，治疗经验，而并不在意是社区中具体的哪一个人在听或回答问题，只要是与所患疾病相关的信息，群体内成员都会积极互动与分享，表现出对所在群体强烈的认同。因此我们假设：

H1：社会分类对身份认同产生正向影响。

4.1.2 相互依赖对身份认同的影响

社会学研究认为从理性的角度来看，人们出于彼此相互依赖和相互交换而形成群体。“理性选择交换论”的提出者，社会学家迈克尔认为，群体形成的原因在于人们在社会生活中都在不断追求自身的利益，而个体资源和能力的有限性阻碍了个体难以仅依靠自身的力量获取想要达到的利益，因此，人们必须通过与具有相同利益诉求的其他个体结成群体，来实现能力和资源的互补，通过相互依赖和合作达到共同的利益。在现实社会中，人们更多的是依靠地缘、血缘或者业缘的因素形成群体，选择的范围受到了各种因素的制约。而网络空间的互联性和开放性，使人们可以更有效率、更广泛地接触到与自己处于相同的境遇，具有共同的利益的个体，从而为了实现共同的目标而形成群体。

Kim（2000）认为，基于身份认同的群体由于在社会中处于同一社会阶层或扮演共同的社会角色，通常具有共同的工作目标、任务或共同的利益，为了完成共同的任务、达到共同的目标以及获取共同的利益，他们需要各自资源的互补或分工并协调合作，从而使社群成员产生了相互依赖的客观需要。当社群成员间的相互依赖感越强烈，意味着个体脱离了群体越难独自完成任务，个体便会充分重视所在群体对自我的重要性和意义，因此群体内成员间的相互依赖可以提高个体对群体的身份认同度。群体中的成员通过相互合作和相互依赖可以使其成员对群体产生强烈的身份认同感。共同的任务、共同的目标、共同的命运以及共同的利益导致社群成员相互依赖，从而促进身份认同感。共同的目标是指群体作为一个整体可以达到的目标，如很高的团队得分；共同的命运是指群体中所有成员通过交流与合作可以获得同样的收益和待遇。相互依赖同样也可以导致在线社区的身份认同感。如旨在建立软件开源代码社区和在线参考书籍社区，社区中的所有成员都将这些任务作为整个社区的共同目标。成员间必须通过相互合作和资源互补才能完成共同的目标，这在很大程度上提高了成员对群体的认同感。Bryant 等描述了维基百科是如何通过创建共同的群体目标，即建立世界上最好的百科全书，使广大的读者纷纷加入维基百科的建设当中，成为维基百科人，为维基百科积极贡献各自的资源，为共同的目标而不约而同地共同努力奋斗，社群成员为了完成这个共同的目标，需要相互的配合、互助，研究发现，随着成员间的相互依赖性的增强，成员对维基百科创建群体的身份认同度也显著提高。因此，我们假设：

H2：相互依赖对身份认同产生正向影响。

4.1.3 群际比较对身份认同的影响

社会认同理论认为，人们在社会生活中存在两种认同的需要：一是通过发现自身与其他个体的差异来找到自我认同；二是通过寻找自群体的相似性以及与外群体的差异性来获得社会认同。自我认同让个体满足了与大众相同的需要，而社会认同既让个体满足了个体从属于某类群体的需要，又让个体在群体层面找到了自我认同。基于这个原理，群际间比较是个体对所在群体认同的重要途径。人们通过定义分类将自己归为某类群体，通常将自己所在的群体同外群体进行比较，通过这种方式来区别我们是谁，他们是谁，在群际比较的过程中，侧重于群体间突出的差异性，强化了内群体偏爱效应，从而增强了对所在群体的认同感。个体将自己界定为某一群体后通常会将自己所属的群体与其他群体进行比较，并且外群体与内群体的差异性越大，越能强化内群体的凝聚力和对群体的认同感。基于具有共同身份的个体所组成的群体，群体所承载的符号价值对于群体中的每一位成员都具有重要的意义。个体需要通过所在群体在社会价值链的位置来体现自我的价值，群际间比较使群体的身份特征与独特的社会价值得以凸显，因此个体在完成自我认同的过程中要紧紧依赖对与自身身份相吻合的群体的认同。Honeycutt（2005）研究发现，基于身份认同群体如果在群际间比较的情境下，会激起成员对与外群体的差异的强烈感知，这种差异性的感知会加强个体对所在群体的认同度，增强群体的凝聚力。Hogg 和 Terry 曾将被试者分为几组，并强调组间的不同，鼓励组间比较。结果发现，组间比较会大大增强个体对自己所在群体的身份认同度，个体对群体的奉献意愿与忠诚度也随之提高。维基百科充分利用这个机理，强调其与其他百科全书的差异性，如速度、成绩、市场份额等，从而有效地激励了维基百科的成员对所在社群的身份认同感，并共同朝着世界最全的百科全书的目标共同奋斗。因此，我们假设：

H3：群际间比较对身份认同产生正向影响。

4.2 纽带认同影响因素

4.2.1 人际互动对纽带认同的影响

人际互动是指个体与个体、个体与群体在心理、行为上相互影响、相互作用的动态过程。人际互动包含以下三个要素：一是人际互动主体应在两方面。主体既可以是个体，也可以是群体。二是人际互动各个主体间应该有语言、符号、行为等形式的交流与互动。三是人际互动各主体不但能够准确理解对方所发出的信息的含义和意义，而且能够就对方发出的信息进行积极回应。人际互动为人们提供了相互了解、相互熟悉从而建立彼此间信任的机会。随着社会互动频率的上升，人们彼此间喜爱的程度随之加深。在线社区中的成员彼此互动的频率成为他们建立彼此关系的决定性因素。个体加入网络社群一个重要动机就是通过互联网平台扩展自身的社交网络，带有主题性和社会性交流目标的互动，以期与其他成员建立良好的关系，人际互动在这个过程中扮演了非常重要的角色。网络社群成员只有通过人际互动，才能产生共同的话题，发现彼此共同的兴趣和相似点，加深彼此的了解，并开展线下的交流活动，因此成员间通过彼此间的人际互动交流，可以建立社会联系、增进彼此的好感和信任感。Slater 等研究了一款网上互动电游的玩家们，发现他们在网络游戏中互动越多，在现实生活中的接触就越紧密，彼此间的纽带联系感就越强烈。因此证明了即使是网络环境中，人际互动也可以使个体产生强烈的纽带认同感。因此，我们假设：

H4：人际互动对纽带认同产生正向的影响。

4.2.2 个体信息公开对纽带认同的影响

自我表露、个人信息的交流成为人际纽带形成的重要原因之一。因此，社交网站中的成员如果有机会更多地在社区平台上展示自我，并能够有机会更多地了解他人，那么他们就越有可能建立起彼此间的纽带关系。个人资讯的展示与交流将个体的注意力转移到了群体中个体成员身上。在社交网站中，个人信息的披露（包括公布自己的 E-mail 地址或通信号码）成为个体间建立纽带联系最基本的条件。除了这些沟通渠道外，即时通信工具如 MSN、QQ，可以使个体随时感知到群体中的在线成员的活动，有力地增强并保持了个体感知群体成员的同在感与亲密感。因此，许多社交网站向注册会员提供了群体中的用户资料，包括个人信息，如个人照片、个人背景资料、人生经历和个人兴趣，帮助群体成员加深了解。有些社区鼓励成员增添自己的个性化签名和头像，这些个性化的选择可以更好地表现个体成员的风格与个性。

研究证明对于那些没有互动联系的成员，彼此间信息的展示可以促进人际间纽带的形成。个人信息提高了彼此互动的可能性。个人资料中有关个体的家乡、现住址这些个人信息都可以使其他成员找到自己的老乡或邻居，从而产生纽带认同感，并在现实生活中开始接触联系。同样，联系方式如电话号码、E-mail 地址、即时通信工具账户，可以使成员们保持多渠道联系与互动。个体的社会关系网络信息同样可以使成员间建立纽带关系，Yuki 等研究发现，人们一旦知道对方的人际关系网络中有很多是自己熟悉的朋友，那么就会对对方产生更强的信任感和纽带联系感。因此我们假设：

H5：个人资讯公开对纽带认同产生正向的影响。

4.2.3 兴趣相似性对纽带认同的影响

个体相似性对于人与人之间的纽带认同度具有重要的影响作用。尽管互不相识，尽管在其他方面存在异质性，但只要人们讲相同的语言、同属共同的民族或者来自共同的国家和地区，都会使人们彼此间产生强烈的纽带认同感。而在网络社区情境下，人们更多的是通过共同的兴趣爱好形成社群，并借助共同的兴趣偏好开展人际互动。人们喜欢那些与自己的喜好、偏好相似的人群，并更愿意与他们在一起交流互动，形成纽带连接。Newcomb（1960）通过对大学生跟踪调查研究发现，那些具有共同兴趣和偏好的大学生彼此人际吸引很强，纽带认同度要远远高于与自己在兴趣、偏好上有差异性的人群。研究者甚至可以通过操纵群体成员彼此兴趣偏好相似性感知来改变成员间彼此的纽带认同程度。一个具有代表性的实验室研究就是让被试者完成有关个体个性评价和兴趣偏好相关的问卷之后，被随机分配到两组，其中，第一组被试者被告知与该组的成员有相似的兴趣爱好和价值偏好，第二组的被试者被告知与该组的成员没有相似的兴趣爱好和价值偏好。操纵实验的结果表明，第一组成员间的纽带认同感显著高于第二组成员间的纽带认同感。Sassenberg 等（2003）认为，个体间共同的兴趣偏好会缩短个体感知与对方的心理距离，人们喜欢那些与自己的兴趣、偏好相似的人群，并更愿意与他们交流互动，形成亲密关系。与社会分类相比，社会分类则侧重于社会角色、社会身份、社会地位等外在的属性。个体除了社会赋予的社会属性外，还会通过自己的兴趣、偏好进行类化，这种自我类化外显形式就体现在寻找与自我兴趣偏好相似性的人群，通过与内在相似性的群体的交流分享，可以对内在的自我有更深入的新的意识。同时，兴趣相似性很容易使个体在交流互动中产生共振，而共振所产生的巨大能量促使个体间形成亲密关系，随着在兴趣或偏好方面的深入交流与活动，个体间的纽带认同度显著提高。因此我们假设：

H6：个体兴趣相似性对纽带认同产生正向的影响。

4.3 个体对团购信息的认同影响因素

面对日益泛滥的网络信息，消费者陷入信息超载和信息甄别的困境，在这种情况下，个体对产品信息的认同就显得尤为重要。Fisher（2006）通过研究发现，个体对网络商品信息的认同包括两个维度：对产品信息真实性的信任度和对信息价值的认可度。Culnan（2005）认为，群体认同度高的社群通常是由一群具有共同身份或共同兴趣的个体在长期的交流互动中形成的，成员在互动中逐步发展出对彼此的信任，使成员对群体内的信息具有比群体外成员更高的信任度。Gefen（2000）的研究也表明，信任可以降低消费者作出购买决策考虑因素的复杂性和风险感知。面对日益泛滥的网络信息，个体对自己认同的群体发布的信息更加信任。除了信任层面外，根据 Levine 和 Moreland 的研究，群体认同度高的社群是基于共同的身份或共同的兴趣组成，他们的身份认同感或纽带认同感使成员对群体内所分享的信息价值持较高的肯定态度，主要体现为成员在信息的回应、讨论、完善等方面表现出高于群体外成员的参与积极性和高度的信息消化能力。因此，基于信息信任与信息价值感知的基础上，单位信息对成员的影响力显著增强，成员就信息进一步沟通的意愿较高，并愿意加入到信息传播的行列。因此，我们假设：

H7：身份认同对个体对群内分享的团购信息认同度产生正向影响。

H8：纽带认同对个体对群内分享的团购信息认同度产生正向影响。

4.4 团购信息分享者组团自我效能感影响因素

根据 A. 班杜拉对自我效能感的定义，自我效能感为个体对自身完成某项任务能力的自信程度。A. 班杜拉认为，人即使懂得某种行为会产生某种结果，但如果怀疑自己能否完成这种行为，则这种信息（结果预期）就不会影响行为决策。如果个体知觉到的效能预期越强，就越倾向于做更大程度的努力。当人确信自己有能力进行某一行为并达成行为绩效时，就会产生高水平的“自我效能感”并会去进行这一活动。A. 班杜拉认为，自我效能感受到个体自我效能信念和具体任务情境两方面的影响。学者 Marilyn E.和 Terence R. Mitchell（1992）对自我效能感决定因素的可变程度进行了归纳总结。他们认为，自我效能感是在综合了来自行动者本人、特定任务和他人等各种信息的基础上产生的。个体对行为结果预期的评价标准源于外部环境，在很多情况下，个体并不能直接控制影响其行为的社会条件，因此必须借助其他资源、信息或者集体的力量才能实现预期的行为结果。在网络团购的情境下，产品评价度高的消费者往往面对着是否会通过自己的信息分享提高潜在消费者评价度和更多成员加入信息分享行列的结果预期，除了自身效能信念以外，产品评价度高的消费者的效能感更多地来自集体成员对所传递信息的认同度，如果认同度高的话，表现为群体成员对信息的积极回应与交流讨论，甚至是加入信息分享行列，这样会极大地提高产品评价度高的消费者组团成功的自我效能感，因为他感知到成员对其提出的信息表现出了信任感和感知价值，并产生了兴趣，通过进一步的沟通与分享，将会切实提高潜在消费者对产品的了解并提高产品评价度。反之，如果成员对信息发布者所发布的信息认同度较低，使信息发布者感知到组团的阻力和障碍，因此对结果的预期会较低，组团的自我效能感降低，会放弃组团所需要的各种努力。因此，我们假设：

H9：成员对群内分享的团购信息认同度对信息分享者组团的自我效能感有正向影响。

4.5　社群团购信息分享效率影响因素

产品信息分享效率是指信息分享者在尽可能短的时间内找到信息分享的目标群体，并且所分享的产品信息在尽可能短的时间内对信息受众群体产生影响，提高受众群体对产品的评价度，同时会促使更多的信息认同者参与信息分享。Bristor（1990）研究发现，产品信息分享效率与消费者对所接收到的信息的认同度有着紧密的正相关关系，如果消费者对产品信息的认同度越高，即对产品信息真实性的信任度和对信息价值的认同度越高，他们对产品的评价度提升所需要的时间越短，同时更多信息认同者加入信息分享行列，会进一步加速潜在消费者的产品评价度的提升效率。网络团购的核心机制在于利用产品评价度高的消费者的产品信息分享去提高潜在消费者对产品的评价度，如果社群内成员对群内分享的信息持较高的认同度，那么就为信息分享提供了良好的沟通、互动、信任和组织基础，从而使个体在信任信息、接受信息、消化信息和感知信息价值等环节表现出积极的态度，随着部分个体对产品评价度提升，信息的影响力在后续的成员交流互动中产生放大效应，最初的个体行为逐步演变成群体影响力，最终会加速更多群体成员产品个体评价度提升的速度，从而提高网络社群内网络团购信息分享效率。因此，我们假设：

H10：个体对群内分享的团购信息认同度对群内团购信息分享效率有正向影响。

4.6　商品属性的调节效应

根据 Karasawa 的研究，在身份认同度高的群体中，成员是由于彼此拥有共同的身份或目标而形成稳定的群体结构的。成员间总是围绕着共同的身份和要实现的共同目标进行交流。而对于与群体共同身份和目标无关的主题内容，成员回应率较低，对信息的信任度和参与讨论的积极性都很低。有时过多与群体主题身份无关的活动或信息，甚至会激起群体的反感和排斥。因此，本书认为，如果网络团购商品的属性与身份认同群体的身份或目标相匹配，便会引起群体成员的共鸣，个体由于对社群的认同从而对社群所分享的信息产生认同，在研究以育婴母亲为共同身份的群体中发现，母亲的群体角色和科学育婴的群体目标让成员对该群体产生了高度的认同，育婴方面的信息与活动都会引起群体成员积极的响应与互动。而在实验中加入了有关化妆品的信息，但实验结果显示，成员们对这个信息基本没有回应和交流讨论。在实验后的问卷调查中显示，成员更愿意在与化妆品相匹配的社区中关注此类信息。因此，我们假设：

H11：网络团购商品的属性与身份认同群体的共同身份相关度在身份认同与个体对群内分享的团购信息认同度的关系中起到了调节作用：当相关度高时，身份认同对个体对群内分享的团购信息认同度产生正向影响；当相关度低时，身份认同对个体对群内分享的团购信息认同度没有影响。

根据 Sassenberg K.和 M. Boos 的研究，在纽带认同度高的群体中，成员间的纽带联系主要是来源于共同的兴趣和偏好。成员间总是围绕着共同的兴趣形成纽带连接，先是线上交流互动，然后是线下开展活动。如果网络团购商品的属性与纽带认同群体共同的兴趣和偏好相匹配，便很容易引起群体成员的共鸣，相关网络团购的信息在分享和沟通方面由于群体成员间的纽带链接更容易得到认同。本书在研究登山爱好者的群体中发现，只要涉及登山设备相关产品信息分享与沟通，成员们总是能够对信息做出快速回应，积极参与相关的讨论，信息在交流中不断得到完善，信息的认同度较高。而加入与该社群兴趣主题无关的信息后，社群成员对信息认同度非常低。因此，我们假设：

H12：网络团购商品的属性与纽带认同群体的共同兴趣相关度在纽带认同与个体对群内分享的团购信息认同度的关系中起到了调节作用：当相关度高时，纽带认同对个体对群内分享的团购信息认同度产生正向影响；当相关度低时，纽带认同对个体对群内分享的团购信息认同度没有影响。

4.7 理论模型构建

基于以上研究假设得出了本书的网络社群认同对网络团购效益最大化的影响因素理论模型，如图 4-2 所示。研究假设汇总如表 4-1 所示。

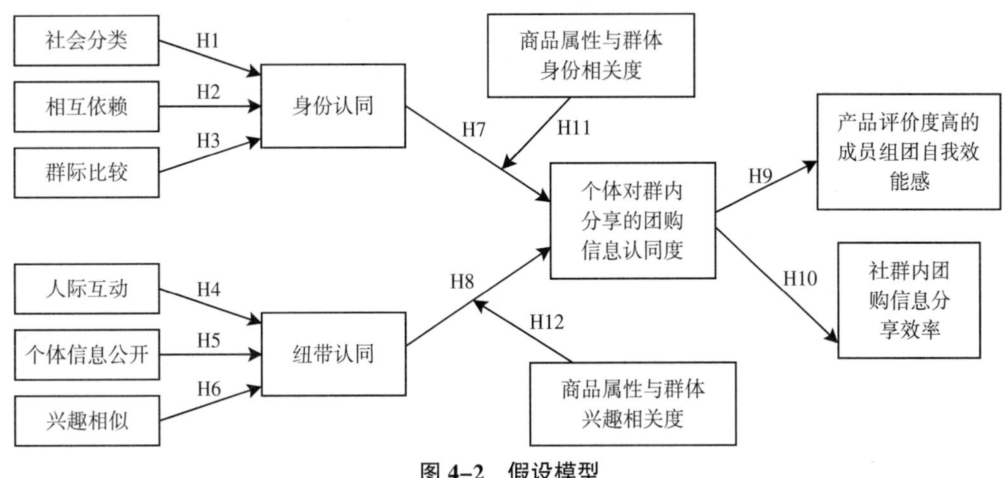

图 4-2　假设模型

表 4-1　研究假设汇总

编号	假设内容
H1	社会分类对身份认同产生正向影响
H2	相互依赖对身份认同产生正向影响
H3	群际比较对身份认同产生正向影响
H4	人际互动对纽带认同产生正向影响
H5	个体信息公开对纽带认同产生正向影响
H6	兴趣相似性对纽带认同产生正向影响
H7	身份认同对个体对群内分享的团购信息认同度产生正向影响
H8	纽带认同对个体对群内分享的团购信息认同度产生正向影响
H9	成员对团购信息认同度对信息分享者组团的自我效能感有正向影响
H10	成员对群团购信息认同度对群内团购信息分享效率有正向影响
H11	团购商品属性与群体身份相关度在身份认同与个体对群内分享的团购信息认同度起到了正向调节作用
H12	团购商品属性与群体兴趣相关度在纽带认同与个体对群内分享的团购信息认同度起到了正向调节作用

5 实证方法设计与数据收集

5.1 研究变量定义与测量

本书的研究模型包括社会分类、相互依赖、群际比较、人际互动、资讯公开、兴趣相似性、身份认同、纽带认同、个体对群内分享的团购信息认同度、群内团购信息分享效率、商品属性与群体身份相关度以及商品属性与群体兴趣相关度。对各变量的定义与测量说明如下：

5.1.1 身份认同影响因素的测量

5.1.1.1 社会分类

所谓类化（Categorization），是指当个体对事物进入感知的初始阶段，通常是先按照一些简单的法则对事物进行分类和归类。当人们在评价、认知一个个体的时候，往往并不会简单地把它看作独立的个体，而是不由自主地将其归到某一类别范畴。人们在对他人进行分类时，会明确地将人群区分为内群体和外群体，同时将自我纳入内群体，并将内群体的特征赋予自我。社会类化（Social Categorization），是指个体在产生社会知觉时，认知到自身与群体在某些方面存在一致性或重叠，从而主观认知或情感上将自己归属于该群体的过程。个体通过定义一群人作为同一个社会类别的成员来建立群体身份。类化的标准可以基于各种客观标准，如职业、种族、学历、地域等，也可以是主观的标准，如共同的信仰和信念。社会学的研究成果表明，自我类化普遍存在于人们的社会生活当中，即使采用最简单的分类标准甚至是随机将互不相识的人分组的方式，都将导致个体的自我类化的产生。社会类化对个体的影响主要表现为人们在社会关系认知水平层面上，一方面扩大了个体对群体间的差异感知，另一方面缩小了个体对群体内成员之间的差异性感知，因此，社会类化加强了个体对群体内的相似性和群际间的差异性感知。基于社会类化的群体内相似性和群际间差异性感知，个体通常将更多的有利资源向群体内成员倾斜。Ashforth（1989）研究发现，社会类化即使在人际互动、个体相似性感知缺失的情况下，也能使群体内成员产生行动上的一致性，可见社会类化对人们的影响是巨大的。

综合学者们对社会分类的定义的整理，本书将社会分类定义为个体在众多的网络社区当中认知到自身与某些社区群体在社会身份方面存在一致性或重叠，从而在主观上将自己归属于该群体并在情感和行为方面产生强烈认同感的过程。同时参考 Turner（1985）关于衡量社会分类的量表进行语句的修改以符合网络社群的情境，共计得到测量题项 5 题，相关测量问项如表 5-1 所示。

表 5-1　社会分类的测量量表

问题代号	测量问题	参考文献
SC1	我通常会加入并时常关注与我的职业和社会角色匹配的网络社群	Turner（1985）
SC2	如果网络社群的主题身份与我职业和社会角色不符，我通常不会加入该网络社群	
SC3	能够体现出我的某个社会身份的社群让我体验了存在感和价值感	
SC4	我与身份相匹配的网络社群有共同的话题	

5.1.1.2　相互依赖

社会学研究认为，从理性的角度来看，人们是出于彼此的相互依赖和相互交换而形成群体。“理性选择交换论”的提出者，社会学家迈克尔认为，群体形成的原因在于人们在社会生活中都在不断追求自身的利益，而个体资源和能力的有限性阻碍了个体难以仅依靠自身的力量获取想要达到的利益，因此，人们必须通过与具有相同利益诉求的其他个体结成群体，来实现能力和资源的互补，通过相互依赖和合作达到共同的利益。

在现实社会中，人们更多是依靠地缘、血缘或者业缘的因素形成群体，选择的范围受到了各种因素的制约。而网络空间的互联性和开放性，使人们可以更有效率、更广泛地接触到与自己处于相同的境遇、具有共同的利益的个体，从而为了实现共同的目标而形成群体。通过以上分析我们可以发现，群体内相互依赖主要表现为个体感知到与其他个体面临共同的命运，为了完成共同的目标和任务、获取共同的回报而产生的相互依赖性可使个体群体产生强烈的认同感。我们从三个维度考察相互依赖性，需要群体中全体成员共同付出投入的共同的任务，群体作为一个整体可以实现的共同的目标，群体全体成员通过合作可获取共同的利益。

综合学者们对群体内相互依赖的定义的整理，本书将群体内相互依赖定义为个体感知到自身的任务、目标与利益与所在网络社区的群体具有高度的一致性，并充分认知到只有通过与所在网络社区成员紧密合作，共同努力才能实现共同的目标。同时参考 Hogg（2000）提出衡量群体内相互依赖的量表进行语句的修改以符合网络社区的情境，共计得到测量题项 5 题，相关测量问项如表 5-2 所示。

表 5-2 群体内依赖的测量量表

问题代号	测量问题	参考文献
IT1	我与所在的网络社群中的成员面临共同要解决的问题	Hogg（2000）
IT2	我与所在的网络社群成员具有共同的目标	
IT3	我与所在的网络社群成员具有共同的利益	
IT4	我所在的社群是一个不可分割的整体，如果没有全体成员的共同努力，我们难以达到共同的目标	
IT5	我认为所在社群的成员在完成共同任务的过程中资源是互补的	

5.1.1.3 群际间比较

社会认同理论认为，人们在社会生活中存在两种认同的需要：一是通过发现自身与其他个体的差异来找到自我认同感。二是通过寻找自群体的相似性以及与外群体的差异性来获得社会认同。自我认同满足了个体与众不同的需要，而社会认同既让个体满足了个体从属于某类群体的需要，又让个体在群体层面找到了自我认同。基于这个原理，群际间比较是个体对所在群体认同的重要途径。人们通过定义分类将自己归为某类群体，通常将自己所在的群体同外群体进行比较，通过这种方式来区别我们是谁，他们是谁，在群际比较的过程中，侧重于群体间突出的差异性，强化了内群体偏爱效应，从而增强了对所在群体的认同感。综合学者们对群体内相互依赖的定义，本书将群际间比较定义为个体明显感知到所在的网络社区与其他同类社区存在着明显的边界和区别，个体感知到本社区在资源、所追求的目标以及核心价值等方面是其他同类社区所无法替代的。同时参考 Rogers 和 Lea（2005）提出衡量群际间比较的量表进行语句的修改以符合网络社区的情境，共计得到测量题项 4 题，每个题项均采用李克特七点量表进行测量，相关测量问项如表 5-3 所示。

表 5-3 群际间比较的测量量表

问题代号	测量问题	参考文献
IC1	我认为我所在的网络社群在我所需要的资源方面是其他社群所不能替代的	Rogers 和 Lea（2005）
IC2	我认为我所在的网络社群追求的目标与其他同类社群不同	
IC3	我认为我所在的网络社群的核心价值是独一无二的	
IC4	我能够轻松地列举出三个我所在网络社群独特的优势	

5.1.2 纽带认同影响因素的测量

5.1.2.1 人际互动

人际互动，是指个体与个体、个体与群体在心理、行为上相互影响、相互作用的动态过程。人际互动包含以下三个要素：一是人际互动主体应在两方以上。主体既可以是个体，也可以是群体。二是人际互动各个主体间应该有语言、符号、行为等形式的交流与互动。三是人际互动各主体不但能够准确理解对方所发出的信息所代表的含义和意义，而且能够就对方发出的信息进行积极的回应。Ha 和 James（1998）、Kozinets（1999）将社会互动定义为信息传播者与接收者之间彼此回应。社会互动不是以商品销售为主要目的，而是带有主题性和社会性交流目标的互动，以期与其他成员建立良好的关系。SNS 为人类的社会互动提供了一个崭新的交互平台和交互服务，大多数学者定义了 SNS 环境下的社会互动，比较典型的定义是：SNS 环境下的社会互动是基于现实人际关系通过电脑媒介实现的一对多的沟通，并将同步沟通与非同步沟通结合起来（Cachia et al.，2007；Antheunis et al.，2009）。

综合学者们对群体内相互依赖的定义，本书将社会互动定义为个体通过 SNS 网站进行真实的人际交流、体验分享，并建立了非常好的人际关系，同时在思想和行为方面受到朋友们的影响。同时参考 McKenna 等（2002）提出衡量社会互动的量表进行语句的修改以符合网络社区的情境，共计得到测量题项 5 题，每个题项均采用李克特七点量表进行测量，相关测量问项如表 5-4 所示。

表 5-4 社会互动的测量量表

问题代号	测量问题	参考文献
SI1	我与社交网站的网友信息和情感交流频繁	McKenna 等（2002）
SI2	我与社交网站中互动人群建立了非常好的人际关系	
SI3	我的一些决策受到了社交网站中朋友们的影响	
SI4	我觉得所在社交网站有良好的交流沟通环境	
SI5	我喜欢在社交网站与朋友们分享我的经历和想法	

5.1.2.2 个体资讯公开

个体资讯公开，是指个体将自己的私人信息如个人背景资料、人生经历和个人兴趣、联系方式等信息向其他个体公开，其目的在于通过公开个人信息，获取社群成员的信任和认同。另外，个体资讯公开可以让其他个体精确界定与该主体的确切关系，比如是家人、同学、同事还是亲密朋友等，便于人们进行差异化的人际关系管理。在SNS人际交往网站中，网站为了提高人际交往的质量和效率，为个体设立了个人空间，个人可以通过个人空间的自我描述功能来展现自己，同时个体也可以通过与其他人的链接功能，了解对方的情况，发现并找到人际交往的对象和群体。

本书将个人资讯公开定义为社交网站成员可以在社交平台上更多地展示自我，包括个人信息，如个人照片、个人背景资料、人生经历和个人兴趣、联系方式等信息，而且能够有更多机会了解社交网站内其他人更多的信息，从而促使成员间加深彼此相互了解的过程。同时参考 Yuki（2003）提出衡量资讯公开的量表进行语句的修改以符合网络社区的情境，共计得到测量题项 4 题，每个题项均采用李克特七点量表进行测量，相关测量问项如表 5-5 所示。

表 5-5 个体信息公开的测量量表

问题代号	测量问题	参考文献
PI1	我愿意在社交网站上编辑、发布我的个人信息	Yuki（2003）
PI2	我可以在对方允许的情况下浏览对方个人信息	
PI3	我可以便捷地在社交网站中找到与我兴趣相投的朋友圈	
PI4	我通过社交网站可以随时了解朋友们的最新动态	

5.1.2.3 成员兴趣相似性

人们喜欢那些与自己的兴趣、偏好相似的人群，并更愿意与他们交流互动，形成亲密关系。与社会分类相比，社会分类则侧重于社会角色、社会身份、社会地位等外在的属性。个体除了社会赋予的社会属性外，还会通过自己的兴趣偏好进行类化，这种自我类化外显形式就体现在寻找与自我兴趣偏好相似性的人群，通过与内在相似性的群体的交流分享，可以对内在的自我有新的更深入的认识。

本书将个体兴趣偏好相似性定义为个体感知到群体成员与自己的兴趣偏好相似性的程度。同时参考 Utz（2002）提出衡量个体兴趣相似性的量表进行语句的修改以符合网络社区的情境，共计得到测量题项 4 题，每个题项均采用李克特七点量表进行测量，相关测量问项如表 5-6 所示。

表 5-6 个体兴趣相似性的测量量表

问题代号	测量问题	参考文献
IS1	我感觉我与所在网络社群的成员具有相同的兴趣爱好	Urz（2002）
IS2	我愿意参与网络社群的成员举办的围绕我们共同兴趣爱好主题的线下活动	
IS3	对共同事物的偏好让我感觉与群体成员有亲密关系	
IS4	我经常关注群内成员的活动	

5.1.3 身份认同的测量

身份认同是个体感知到网络社群的目标、使命以及成员构成与自身在社会属性和角色存在高度的一致，从而对社群产生归属感、信任感。本书参考 Sassenberg（2002）提出衡量身份认同的量表进行语句的修改以符合网络社群的情境，共计得到测量题项 4 题，每个题项均采用李克特七点量表进行测量，相关测量问项如表 5-7 所示。

表 5-7 身份认同的测量量表

问题代号	测量问题	参考文献
IA1	我对所在的网络社群有强烈的归属感	Sassenberg（2002）
IA2	我对社群的使命、目标非常认同	
IA3	我愿意为所在社群的目标无私地贡献自己的力量	
IA4	我会坚决反对任何损害我所在社群的行为	

5.1.4 纽带认同的测量

纽带认同是个体由于与社群内的成员在某个兴趣爱好方面具有高度相似性而喜欢与成员交流互动，从而建立起了融洽的人际关系，从而形成基于人际关系的纽带认同。同时参考 Slater 等（2000）提出衡量纽带认同的量表进行语句的修改以符合网络社群的情境，共计得到测量题项 4 题，每个题项均采用李克特七点量表进行测量，相关测量问项如表 5-8 所示。

表 5-8 纽带认同的测量量表

问题代号	测量问题	参考文献
BA1	我与社群成员在共同的兴趣爱好方面经常交流互动	Slater 等（2000）
BA2	我会积极参与所在网络社群的活动	
BA3	我视社群成员为我生活中重要的朋友	
BA4	成员在社群中的信息是我重要的决策参考	

5.1.5 个体对群内分享的团购信息认同度的测量

本书将个体对群内分享的团购信息认同度定义为网络社群内潜在消费者主动接收群体内成员发布的网络团购信息，并对信息可信度、对信息的价值持积极态度。成员在接收信息、回应信息、讨论信息、消化信息和信息加工等环节表现出高于群体外成员的参与积极性。并进一步参考 Astous（1999）信息认同的量表发展出网络团购信息认同度之量表，再进行语句的删减及修改以符合网络团购情境，共计得到衡量题项 4 题，每个题项均采用李克特七点量表进行衡量，详细的测量问项如表 5-9 所示。

表 5-9 个体对群内分享的团购信息认同度的测量量表

问题代号	测量问题	参考文献
GA1	我相信所在网络社群团购信息的真实度	Astous（1999）
GA2	我愿意就社群团购信息同成员做进一步沟通	
GA3	我通常认为群内大部分网络团购信息对我有价值	
GA4	与群体外信息相比较而言，群内网络团购信息是我参与网络团购的主要信息来源	

5.1.6 信息分享者组团的自我效能感测量

A. 班杜拉将自我效能感定义为个人对自己能否顺利进行某种行为产生一定结果的自信。效能预期是人对自己能否进行某种行为的实施能力的推测或判断，它表明人是否确信自己能够成功地进行能带来某一结果的行为。A. 班杜拉进而把能知觉到的效能预期称为“自我效能感”，认为自我效能感本质上就是效能预期，表现为个体对自身完成某项任务能力的自信程度。A. 班杜拉认为，个体即使懂得某种行为会产生某种结果，但如果怀疑自己能否完成这种行为，则这种信息（结果预期）就不会影响行为决策。如果个体知觉到的效能预期越强，就越倾向于做更大程度的努力。当个体确信自己有能力进行某一行为并达成行为绩效时，就会产生高水平的“自我效能感”并进行这一活动。本书根据网络团购的具体研究情境，将自我效能感定义为产品评价度高的信息发布者对自己通过团购信息分享能否提高群体其他成员对产品的评价度从而组团成功的自信程度。并参考了 Bandura（1997）自我效能感测量量表，进行语句的修改以符合网络社区的情境发展出的产品评价度高的成员关于组团的自我效能感测量量表，共计得到衡量题项 3 题，每个题项均采用李克特七点量表进行衡量，详细的测量问项如表 5-10 所示。

表 5-10 产品评价度高的成员关于组团的自我效能感的测量量表

问题代号	测量问题	参考文献
SES1	群体成员对我发布的产品信息认同度越高，我组团的信心就越强	Bandura（1997）
SES2	群体成员对我发布的产品信息认同度越低，我组团的信心就越弱	

5.1.7 群内消费者间团购信息分享效率测量

信息分享与沟通的最终目的是提高个体对事物信息的认可程度，以达到改变个体对某个事物的评价度和态度的目的。消费者间商品信息分享效率是指在商品信息在分享的单位时间内，潜在消费者产品评价度提升的人数和继续加入信息分享行列的人数。本书将群内消费者间团购信息分享效率定义为对产品评价度高的消费者所分享网络团购信息在单位时间内对社群内的潜在消费者产品评价度提升的速度人数以及群内信息接收者继续加入分享信息行列的人数。并参考了 Harrison（2001）消费者间产品信息分享效率量表，进行语句的修改以符合网络社区的情境发展出群内消费者间团购信息分享效率的测量量表，共计得到衡量题项 3 题，每个题项均采用李克特七点量表进行衡量，详细的测量问项如表 5-11 所示。

表 5-11 群内消费者间团购信息分享效率的测量量表

问题代号	测量问题	参考文献
SE1	如果我对群内分享的网络团购信息认同度很高，会加速提高我对产品的评价度	Harrison（2001）
SE2	如果我对群内分享的网络团购信息认同度较低，我对产品的评价度会有略微增长或维持原状	
SE3	如果我认同群内分享的团购信息，我会加入继续分享的行列	

5.1.8 商品属性与群体身份相关性的测量

本书将商品属性与群体身份相关度定义为个体感知到在本社群所发起的网络团购所涉及商品的属性与本社群的社会类别、社群成员共同的目标以及成员共同面临的问题相关性程度的大小。同时参考 Gmbb（1967）提出商品属性匹配量表进行语句的修改以符合网络社区的情境，共计得到测量题项 3 题，每个题项均采用李克特七点量表进行测量，相关测量问项如表 5-12 所示。

表 5-12 商品属性与群体身份相关度测量量表

问题代号	测量问题	参考文献
MUI1	群内团购商品属性与群体社会类别相关度越高，越能引起我的关注和兴趣	Gmbb（1967）
MUI2	群内团购商品属性越有助于实现社群的共同目标，我参与学习和讨论的积极性越高	
MUI3	群内团购商品属性越有助于解决社群成员共同的问题，我参与学习和讨论的积极性越高	

5.1.9 商品属性与群体兴趣相关性的测量

本书将商品基本效用与群体兴趣相关度定义为个体感知到在本社区所发起的网络团购所涉及商品的属性与社群成员共同兴趣偏好相关性程度的大小。同时参考 Gmbb（1967）提出的量表进行语句的修改以符合网络社群的情境，共计得到测量题项 3 题，每个题项均采用李克特七点量表进行测量，相关测量问项如表 5-13 所示。

表 5-13 商品的基本效用与群体兴趣相关度的测量量表

问题代号	测量问题	参考文献
MUB1	群内团购商品属性与群体成员共同的兴趣相关度越高，越能引起我的兴趣	Gmbb（1967）
MUB2	群内团购商品属性越能满足成员共同的偏好需求，我参与学习和讨论的积极性越高	
MUB3	越能支持我们的线下活动，让我们的关系更加紧密的团购服务，我参与的积极性越高	

5.2 问卷设计、调研过程与问卷回收情况

本书的目的在于研究在身份认同和纽带认同的网络社群中，究竟有哪些因素影响产品评价度高的个体组团的自我效能感以及成员间网络团购信息分享效率，因此研究对象锁定在身份认同和纽带认同度较高的网络社群成员，同时这些成员都是具有网络团购经验的消费者，期望由此分析出网络社群内个体组团自我效能感以及消费者间网络团购信息分享效率的影响因素。

按照上述对本书理论模型所包含的各个构念的测量问项，本书设计出了问卷初稿。问卷调查的问题采用李克特七点量表（Likert 7-Point Scale）进行测量，包括：非常不同=1，不同意=2，不太同意=3，中立=4，基本同意=5，同意=6，非常同意=7。问卷的

主体总共有 49 个测项，分为 12 个部分。第 1 部分为“社会分类”，共有 4 个测项。第 2 部分为“相互依赖”，共有 5 个测项。第 3 部分为“群际比较”，共有 4 个测项。第 4 部分为“人际互动”，共有 5 个测项。第 5 部分为“资讯公开”，共有 4 个测项。第 6 部分为“个体兴趣相似性”，共有 4 个测项。第 7 部分为“身份认同”，共有 4 个测项。第 8 部分为“纽带认同”，共有 4 个测项。第 9 部分为“个体对群内分享的团购信息认同度”，共有 4 个测项。第 10 部分为“产品评价度高的个体关于组团的自我效能感”，共有 2 个测项。第 11 部分为“消费者网络团购信息分享效率”，共有 3 个测项。第 12 部分为“网络团购商品属性与群体身份相关度”，共有 3 个测项。第 13 部分为“网络团购商品属性与群体兴趣相关度”，共有 3 个测项。第 14 部分为受访者的基本数据，包含性别、年龄、学历及所在网络社群的时间以及每天登录社群的次数 5 个问题。

本书针对身份认同与纽带认同两种类型社群展开研究，在身份认同的网络社群中我们选取了 9 个身份主题社区，主要代表如育儿家长论坛、海归联盟、考生互动社区、家庭主妇论坛等身份标识明确的网络社群。主题社区由于普遍的匿名性和自上而下的主题驱动，人们参与更加关注的是整个社区的内容而非具体的人，符合身份认同的界定特征，所以归类为身份认同的网络社群。在纽带认同的网络社群中我们选取了开心网和人人网中 9 个基于共同兴趣人际互动的纽带连接社群，主要代表如 DOTA 游戏社群、美食爱好者联盟、驴友互助圈、象棋俱乐部等基于共同兴趣爱好的人际互动、交往的社群，这些社群通常采取实名制注册登录和成员信息公开，通过自下而上的关系驱动，发展的是人与人之间的关系网络，符合纽带认同的界定特征，所以归类为身份认同的网络社群。

我们先于 2016 年 3 月通过网络访谈的方式对选定的网络社群进行了预调研，确定了主题社区网络团购社群关系以身份认同为主，社交网络社群关系以纽带认同为主。于 2016 年 5 月针对本书的问卷初稿开展了焦点小组讨论，小组成员由 3 位网络营销专家和 2 名企业管理专业博士研究生组成。小组成员对本书所提出的问卷量表测项进行了讨论和审查，并修正语意不清楚或容易让受访者误解的语句。修正后的问卷在 2 个身份认同和 2 个纽带认同社群发放填写以进行前测，利用一周的时间收集前测问卷，最后经过统计总共回收有效问卷 135 份。

正式问卷通过网络问卷的形式直接在选定的网络群体内发放问卷，总共回收问卷 350 份，剔除缺失严重和失实问卷后得到的问卷 329 份（有效样本率为 94%）。从回收的有效问卷来看，男性有 151 位，占 46%；女性有 178 位，占 54%。受访者的年龄集中在 26~35 岁，占受访者总人数的 42.7%。参与网络团购 1~2 年最多，占总样本的

81%，每年是通过社群信息分享，而参与网络团购频率以 7~9 次占了绝大多数的比例，共有 183 人，占 66.3%。

5.3 分析方法与工具

第一步，我们对收集到的 135 份前测有效问卷进行了探索性因子分析和信度分析，以净化测量项目。第二步，我们对正式问卷的 329 个样本进行分析。在对原始数据进行描述性统计分析之后，我们针对本书的各变量问项进行了信度及效度检验，最后采用结构方程模型对数据进行了分析，以探寻各个变量之间的结构关系和作用强度。本书使用 AMOS 7.0 和 SPSS 15.0 统计软件作为数据分析工具。

5.4 预调研数据的信度与探索性因子分析

我们利用 SPSS 15.0 对收集到的 135 份前测问卷先进行了信度分析与探索性因子分析。表 5-14 显示了对前测问卷的信度分析结果。

表 5-14 前测问卷信度分析

研究变量	Cronbach's α
社会分类	0.867
相互依赖	0.857
群际比较	0.852
人际互动	0.905
个体信息公开	0.860
偏好相似	0.914
身份认同	0.899
纽带认同	0.923
个体对群内分享的团购信息认同度	0.908
成员关于组团的自我效能感	0.853
群内个体间团购信息分享效率	0.917

续表

研究变量	Cronbach's α
商品效用与群体身份相关性	0.844
商品效用与群体兴趣相关性	0.901

资料来源：笔者整理。

信度分析主要是检验所使用的量表在度量相关变量是否具有稳定性和一致性。常用信度检验方法有两种：一种为折半信度；另一种为 Cronbach's α 内部一致性系数。本书采用 Cronbach's α 系数来检验问卷的信度。α 系数大小表明了问卷内部的相关程度，α 值越大表示问卷信度越高，即各项目之间的一致性越高。Fornell 和 Larcker（1981）在研究中指出，当 Cronbach's α 值大于 0.6 时，其信度即在可以接受的范围内。由表 5-14 可以发现，各变量的 Cronbach's α 值介于 0.852~0.923，符合变量信度标准。

完成信度分析之后，接下来采用探索性因子分析来净化问卷测量项目。探索性因子分析的原理是通过对量表中所有题项进行因子分析，根据各因子与各测项的因子载荷数值来判断量表中的哪些测项能够准确反映各因子构念。根据统计学原理，通常保留因子载荷大于 0.5 的测项作为保留测项。在进行探索性因子分析之前，我们按照统计学要求，对数据进行了 Bartlett 球形度检验和 KMO（Kaiser Myer Olkin）测试，目的在于检验所收集到的数据能否通过适度检验。球形度检验的零假设是以相关矩阵为单位，只有当统计结果为拒绝该假设时，才能进行因子分析。而 KMO 测试则是检验各测项之间是否具有相关性，只有相关性较高时，才适合做因子分析。当 KMO 值在 0.9 以上，表示非常适合进行因子分析；0.8~0.9 表示很适合进行因子分析；0.7~0.8 表示适合进行因子分析；0.6~0.7 则表示不太适合进行因子分析；0.5~0.6 表示很勉强进行因子分析；0.5 以下则表示不适合进行因子分析（马庆国，2002）。

本书运用 SPSS 15.0 统计软件进行上述检验，如表 5-15 所示，KMO 测量值为 0.867，Bartlett 球形度检验结果为显著（Sig=0.000），达到显著性水平，表明数据适合做因子分析。

表 5-15 初始探索性因子分析适度检验

样本充分性的 Kaiser-Meyer-Olkin 测量	0.867
Bartlett's 球形度检验卡方（Chi-Square）	3693.546
自由度（df）	768
显著性水平（Sig.）	0.000

本书采用主成分分析法（Principle Component Method）作为提炼因子的方法，对以上通过信度分析的初始测项进行探索性因子分析，并采用最大变异法（Varimax）对因子进行正交旋转，变量的收敛效度可以运用探索性因子分析中的因素载荷量来检验，各变量的测项因素载荷量越大，其收敛效度就越高，通常保留因素载荷量大于 0.5 的项目，否则删除该项目后再执行一次因子分析。

因子的个数可通过因子分析的特征值来确定，本书先用软件运行数据后发现测项负荷在 12 个因子上，如表 5-16 所示，有些变量的测项聚在不同因子上，因此，需要对测项做进一步的修正，根据因子载荷值可知，IC1、IC2、IC3、IC4 落在第 1 个因子上，IT1、IT2、IT3、IT4、IT5 落在第 2 个因子上，SC1、SC2、SC3 落在第 3 个因子上，SI1、SI2、SI3、SI4、SI5 落在第 4 个因子上，IS1、IS2、IS3 落在第 5 个因子上，PI1、PI2、PI3、PI4 落在第 6 个因子上，GA1、GA2、GA3、GA4 落在第 7 个因子上，IA1、IA2、IA3、IA4 落在第 8 个因子上，BA1、BA2、BA3、BA4 落在第 9 个因子上，MUI1、MUI2、MUI3 落在第 10 个因子上，MUB1、MUB2、MUB3 落在第 11 个因子上，SE1、SE2、SE3 落在第 12 个因子上，SES1、SES2 落在第 13 个因子上，但是 SC4 与社会分类的其他项目的因子最大载荷落在不同因子上，而 IS4 也单独成为一个因子，与个体兴趣相似性其他测项的因子最大载荷落在不同因子上，因此从量表中将 SC4 与 IS4 两个测项删除。

表 5-16　旋转后因子载荷矩阵

	因子载荷值												
测项	1	2	3	4	5	6	7	8	9	10	11	12	13
IC3	0.863												
IC4	0.829												
IC1	0.815												
IC2	0.791												
IT1		0.764											
IT2		0.723											
IT3		0.651											
IT4		0.621											
IT5		0.608											
SC1			0.695										
SC2			0.650										
SC3			0.621										

续表

	因子载荷值												
测项	1	2	3	4	5	6	7	8	9	10	11	12	13
SI1				0.846									
SI2				0.815									
SI3				0.792									
SI4				0.734									
SI5				0.683									
IS1					0.752								
IS2					0.713								
IS3					0.703								
PI1						0.717							
PI2						0.684							
PI3						0.617							
PI4						0.536							
GA1							0.697						
GA2							0.644						
GA3							0.639						
GA4							0.621						
IA1								0.807					
IA2								0.793					
IA3								0.764					
IA4								0.685					
SC4								0.520					
BA1									0.773				
BA2									0.735				
BA3									0.702				
BA4									0.683				
IS4									0.509				
MUI1										0.699			
MUI2										0.650			
MUI3										0.618			
MUB1											0.794		
MUB2											0.765		
MUB3											0.726		
SE1												0.723	

续表

	因子载荷值												
测项	1	2	3	4	5	6	7	8	9	10	11	12	13
SE2												0.711	
SE3												0.706	
SES1													0.681
SES2													0.625

综合以上分析结果，我们确定了最终量表的测项，其中，社会分类由 3 个测项组成，相互依赖由 5 个测项组成，群际比较由 4 个测项组成，人际互动由 5 个测项组成，资讯公开由 4 个测项组成，个体兴趣相似性由 3 个测项组成，身份认同由 4 个测项组成，纽带认同由 4 个测项组成，个体对群内分享的团购信息认同度由 4 个测项组成，组团自我效能感由 2 个测项组成，群内个体间团购信息分享效率由 3 个测项组成，网络团购商品属性与群体身份相关度由 3 个测项组成，网络团购商品属性与群体兴趣相关度由 3 个测项组成，对这 47 个测项重新进行探索性因子分析，得到因子载荷矩阵表 5–17，修正后探索性因子分析适度检验结果如表 5–18 所示。

由表 5–17 修正后的因子载荷矩阵可以看出，45 个测项落在 12 个因子上，且所有测项的因子载荷都大于 0.5，其中因子 1 的测项 IC1~IC4 代表了群际比较；因子 2 的测项 IT1~IT5 代表了相互依赖，因子 3 的测项 SC1~SC3 代表了社会分类；因子 4 的测项 SI1~SI5 代表了人际互动；因子 5 的测项 IS1~IS3 代表了个体兴趣相似性；因子 6 的测项 PIl~PI4 代表了资讯公开；因子 7 的测项 GA1~GA4 代表了个体对群内分享的团购信息认同度，因子 8 的测项 IA1~IA4 代表了身份认同，因子 9 的测项 BA1~BA4 代表了纽带认同，因子 10 的测项 MUI1~MUI3 代表了网络团购商品属性与群体身份相关性，因子 11 的测项 MUB1~MUB3 代表了网络团购商品属性与群体兴趣相关性，因子 12 的测项 SE1~SE3 代表了群内个体间团购信息分享效率，因子 13 的测项 SES1~SES2 代表了产品评价度高的消费者关于组团的自我效能感。

表 5–17　修正后的因子载荷矩阵

	因子载荷值												
测项	1	2	3	4	5	6	7	8	9	10	11	12	13
IC3	0.841												
IC4	0.802												
IC1	0.821												

续表

	因子载荷值												
测项	1	2	3	4	5	6	7	8	9	10	11	12	13
IC2	0.768												
IT1		0.753											
IT2		0.719											
IT3		0.669											
IT4		0.644											
IT5		0.617											
SC1			0.688										
SC2			0.632										
SC3			0.691										
SI1				0.792									
SI2				0.763									
SI3				0.742									
SI4				0.725									
SI5				0.683									
IS1					0.746								
IS2					0.728								
IS3					0.712								
PI1						0.727							
PI2						0.696							
PI3						0.689							
PI4						0.553							
GA1							0.685						
GA2							0.636						
GA3							0.633						
GA4							0.615						
IA1								0.867					
IA2								0.832					
IA3								0.791					
IA4								0.709					
BA1									0.864				
BA2									0.833				
BA3									0.806				
BA4									0.728				

续表

测项	因子载荷值												
	1	2	3	4	5	6	7	8	9	10	11	12	13
MUI1										0.662			
MUI2										0.631			
MUI3										0.603			
MUB1											0.759		
MUB2											0.722		
MUB3											0.713		
SE1												0.765	
SE2												0.733	
SE3												0.721	
SES1													0.703
SES2													0.675

表 5-18 修正后探索性因子分析适度检验

样本充分性的 Kaiser-Meyer-Olkin 测量	0.873
Bartlett's 球形度检验卡方（Chi-Square）	3433.315
自由度（df）	659
显著性水平（Sig.）	0.000

5.5 正式调研数据的描述性统计

本书研究样本的描述性统计由填写问卷者的性别、年龄、学历、每月平均可支配收入、参与网络团购的时间每年通过社群网络团购购买商品的频率变量组成，详细数据如表 5-19 所示。

在本书回收的 329 份有效问卷中，男性有 151 位，占总样本的 47.5%，女性有 178 位，占总样本的 52.5%，男女比例大约为 1∶1。

调查对象的年龄主要分布在 26~30 岁，此年龄段占总样本的 42.7%，次之为 31~35 岁，占总样本的 29.9%，20 岁以下占总样本的 1.3%，21~25 岁占总样本的 11.1%，36~40 岁占总样本的 9.9%，41~45 岁占 2.5%，46 岁（含）以上同样占总样本的 2.5%。由此可见，调查对象主要以 26~35 岁的年轻人为主。

表 5-19 本研究样本群体的人口统计数据

变量名称	测量项目	问卷数量（份）	百分比（%）	累计百分比（%）
性别分布	男性	151	47.5	47.5
	女性	178	52.5	100.0
年龄分布	20 岁以下	4	1.3	1.3
	21~25 岁	35	11.1	12.4
	26~30 岁	134	42.7	55.1
	31~35 岁	94	29.9	85.0
	36~40 岁	31	9.9	94.9
	41~45 岁	8	2.5	97.5
	46 岁（含）以上	8	2.5	100.0
学历	初中（含）以下	2	0.6	0.6
	高中	19	6.1	6.7
	中专	21	6.7	13.4
	大专	101	32.2	45.5
	本科	151	48.1	93.6
	硕士及以上	20	6.4	100.0
每月平均可支配收入	500 元以下	2	0.6	0.6
	501~1000 元	5	1.6	2.2
	1001~1500 元	14	4.5	6.7
	1501~2000 元	30	9.6	16.2
	2001~2500 元	18	5.7	22.0
	2501~3000 元	32	10.2	32.2
	3001~3500 元	72	22.9	55.1
	3501 元以上	141	44.9	100.0
参与网络团购的时间	3 年（含）以上	19	6.1	6.1
	2~3 年	51	16.2	22.3
	1~2 年	153	48.7	71.0
	1 年以下	91	29.0	100.0
每年通过社群网络团购购买商品的频率	10 次（含）以上	21	6.7	6.7
	7~9 次	183	58.3	65.0
	4~6 次	64	20.4	85.4
	3 次以下	46	14.6	100.0

调查对象学历分布为大专及本科生共 252 人，占总样本的 80.3%，其中大专生与本科生的比例分别为 32.2%与 48.1%；中专学历的共 21 人，占总样本的 6.7%，硕士生及以上学历的有 20 人，占总样本的 6.4%，高中学历的有 19 人，占总样本的 6.1%，初中（含）以下学历的只有 2 人，占总样本的 0.6%。

在可支配所得方面，每月平均可支配收入在 3501 元以上的比例最大，占总样本的 44.9%，其次是可支配收入在 3001~3500 元的占总样本的 22.9%，2501~3000 元占总样本的 10.2%，1501~2000 元则占总样本的 9.6%，2001~2500 元占总样本的 5.7%，1001~1500 元占总样本的 4.5%，501~1000 元及 500 元以下者占的比例最小，分别占总样本的 1.6%和 0.6%。

在参与网络团购时间方面，研究对象参与网络团购的时间在 1~2 年者最多，占总样本的 48.7%，次之是参与时间在 1 年以下的，占总样本的 29.0%，2~3 年的占总样本的 16.2%，3 年（含）以上的只占了 6.1%。该数据说明本次研究样本参与网络团购的多为具有团购经验并持续有意愿使用团购模式来购物的消费者。每年通过网络团购购买东西的频率以 7~9 次占了绝大多数，共有 183 人，占总样本的 58.3%，次之是 4~6 次的人，占总样本的 20.4%，3 次以下则占总样本的 14.6%，最后是每年通过网络团购购买东西的频率在 10 次（含）以上的占总样本的 6.7%。

5.6 信度和效度检验

5.6.1 信度检验

信度（Reliability）主要用于检测量表测量各个构念是否具有一致性和稳定性，通过对同一构念进行重复检验，以观测所得到的检测结果是否达到了一致。本书用 Cronbach's α 系数来检验量表中各测项间的一致性和稳定性程度。信度检验的标准采用 Fornell 和 Larcker（1981）所提出的信度检验标准，即当 Cronbach's α>0.6 时，变量信度在可以接受的范围内；当 Cronbach's α>0.7 时，变量的信度较高。Cronbach's α 值越高，表示该变量所使用的测项整体可靠性及稳定性越高。本书数据的信度检验结果如表 5-20 所示，各变量的 Cronbach's α 值介于 0.711~0.915，均大于 0.6，因此，可以认为本书各构念的测量问项具备一定程度的一致性与稳定性。

表 5-20 各变量的信度分析结果

研究变量	Cronbach's α
社会分类	0.906
相互依赖	0.893
群际比较	0.796
人际互动	0.885
个体信息公开	0.894
个体兴趣相似性	0.908
身份认同	0.711
纽带认同	0.915
个体对群内分享的团购信息认同度	0.802
产品评价度高的个体组团自我效能感	0.788
群内个体间团购信息分享效率	0.854
商品效用与群体身份相关性	0.911
商品效用与群体兴趣相关性	0.863

5.6.2 效度检验

量表效度分析的主要目的在于检测量表能否准确地测量所要测量的构念，主要包括表面效度（Face Validity）、效标关联效度（Criterion-related Validity）、内容效度（Content Validity）和构念效度（Construct Validity）。本书在效度分析中采用内容效度与结构效度来检验变量衡量的效度。内容效度主要用来检测量表能否涵盖其所要测量的变量的所有构念，如果量表能够涵盖其所要测量的某一构念的代表性项目，则认为该量表具有内容效度。内容效度通常可以以专家学者的定性判断，将内容效度较低的测项予以删除或进行内容修正。结构效度是指量表能否测量所构建的理论的构念的程度，主要通过收敛效度（Convergent Validity）与区别效度（Discriminate Validity）来检验。收敛效度主要通过平均方差（Average Variance Extracted，AVE）和因素载荷量来检验。检验标准为 AVE 的标准值>0.5，并保证标准化的因素载荷值呈显著性；而区别效度则是通过观察每一个变量的平均方差抽取量（AVE）平方根是否大于各成对变量间之相关系数绝对值时来判断区别效度。本书采用因子分析来检验各变量包含的问项的收敛效度和各变量之间的区别效度，根据统计学，效度越高表示越接近该变量问项要达到的测量目的。

因子分析（Factor Analysis）是 Separman 在进行多变量分析时提出的数据分析方

法。因子分析通过萃取变项之间的共同因子，以较少的因子简化原来较复杂的变项结构以达到检测量表建构效度（Construct Validity）的目的。因子分析法根据性质的不同可分为探索性因子分析（Exploratory Factor Analysis，EFA）与验证性因子分析（Confirmatory Factor Analysis，CFA）。探索性因子分析对于因子的萃取、因子的数量、因子的内容及变项的分类都没有事先的预期，只是根据实际资料分析的结果和客观的判断准则来判定量表所要保留的潜在共同因子数目。而验证性因子分析的方法针对变项间潜在的因子结构已有明确的理论架构作为基础，来判断实际的测量数据与理论架构的适配度。

本书的研究量表是基于国内外学者所开发的成熟量表进行必要的修改，以吻合网络团购情境，并通过了由营销专家所组成的焦点小组对量表内容进行检视与前测，因此本书研究量表具有一定程度上的内容效度。

本书采用验证性因子分析进行效度检验时，也对测量模型进行修正，以提高模型的拟合度。对于模型拟合参数选择 χ^2/df、GFI、AGFI、NFI、CFI 和 RMSEA，各指标的标准值为 χ^2/df<3、GFI>0.9、AGFI>0.8、NFI>0.9、CFI>0.9、RMSEA<0.08。检验结果如表 5-21 所示，修正后模型能够被接受。表 5-22 结果显示，所有因素载荷值都在 0.05 水平下显著，且 AVE 也都大于 0.5，由此可知本书研究数据的收敛效度得到验证。

表 5-21 测量模型修正及拟合参数

	χ^2/df	GFI	AGFI	NFI	CFI	RMSEA	修正步骤（删除）
标准值	<3	>0.9	>0.8	>0.9	>0.9	<0.08	—
CFA0	3.432	0.76	0.685	0.771	0.845	0.082	—
CFA1	3.236	0.759	0.763	0.858	0.896	0.085	IT4
CFA2	3.124	0.883	0.792	0.873	0.867	0.079	IC4
CFA3	3.012	0.816	0.766	0.879	0.872	0.081	SI5
CFA4	3.041	0.891	0.750	0.963	0.887	0.081	IA4
CFA5	2.990	0.896	0.789	0.896	0.895	0.078	BA1
CFA6	2.715	0.897	0.796	0.857	0.908	0.074	MUI3
CFA7	2.681	0.869	0.795	0.868	0.912	0.071	MUB3
CFA8	2.520	0.907	0.811	0.931	0.865	0.073	GA4

表 5-22 量表的收敛度分析

研究变量	测项	Std. Loading	AVE
社会分类	SC1	0.866	0.64
	SC2	0.789	
	SC3	0.897	
相互依赖	IT1	0.863	0.66
	IT2	0.831	
	IT3	0.794	
	IT5	0.692	
群际比较	IC1	0.814	0.63
	IC2	0.795	
	IC3	0.732	
人际互动	SI1	0.801	0.62
	SI2	0.796	
	SI3	0.777	
	SI4	0.732	
个体信息公开	PI1	0.798	0.65
	PI2	0.732	
	PI3	0.803	
	PI4	0.791	
个体兴趣相似性	IS1	0.806	0.56
	IS2	0.765	
	IS3	0.672	
身份认同	IA1	0.751	0.58
	IA2	0.761	
	IA3	0.696	
纽带认同	BA2	0.798	0.57
	BA3	0.765	
	BA4	0.698	
团购商品属性与群体身份相关性	MUI1	0.713	0.58
	MUI2	0.705	
团购商品属性与群体纽带相关性	MUB1	0.681	0.61
	MUB2	0.656	
个体对群内分享的团购信息认同度	GA1	0.811	0.62
	GA2	0.793	
	GA3	0.787	

续表

研究变量	测项	Std. Loading	AVE
评价度高的消费者组团自我效能感	SES1	0.865	0.64
	SES2	0.791	
群内个体间团购信息分享效率	SE1	0.706	0.61
	SE2	0.756	
	SE3	0.798	

5.7 同源偏差检验

同源偏差（Common Method Variance）产生的原因在于问卷调查的所有问项都是由同一位填写者填写。本书采用哈曼（Harman）单因子检测方法，即将调查问卷中所有测量项目一起做因子分析，在未旋转（Unrotated）时得到的第一个主成分，反映了同源偏差的量。因此，本书利用 SPSS 对调查问卷所有测量项目共同做因子分析，结果如表 5-23 所示。从表 5-23 中可以看出，在未旋转时得到的第一个主成分，占载荷量的 25.45%，并没有占到多数，所以可以得出本书研究数据的同源偏差问题并不严重。

表 5-23 同源偏差检验分析

萃取因子	特征值	解释方差（%）	累计解释方差（%）
1	14.00	25.45	25.45
2	4.15	7.54	32.99
3	2.64	4.8	37.79
4	2.40	4.36	42.15
5	1.96	3.56	45.71
6	1.69	3.07	48.78
7	1.50	2.73	51.51
8	1.31	2.38	53.89
9	1.28	2.26	55.34
10	1.16	2.05	57.69
11	1.09	1.97	58.33
12	1.21	1.92	59.65
13	1.30	1.84	60.17

5.8 相关系数分析

对于各维度间是否存在足够的区别效度，我们采用了比较各维度间完全标准化相关系数与所涉及各维度自身 AVE 的平方根值大小的方法，各维度间存在足够的区别效度要求理论模型中任何一个潜变量的 AVE 平方根都大于其与其他潜变量的相关系数。否则，则表示在该对变量中，某一变量的测量问项也可能是另一个变量的测量问项。按照统计学原理，潜变量与其他潜变量的相关系数 $R>0.7$ 表示高度相关，$0.4<R<0.7$ 表示中等相关，$R<0.4$ 表示低度相关。本书对量表的潜在变量间的相关系数检验如表 5-24 所示，量表中的每一个潜变量 AVE 平方根都大于其与其他潜变量的相关系数，而且潜变量与其他潜变量的相关系数介于 0.224~0.582，表明潜变量与其他潜变量相关度在中度以下，不存在变量之间高度相关的情况。因此可以得出本书量表的区别效度得到验证。

表 5-24 量表潜变量间的相关系数

	SC	IT	IC	CT	PV	SN	PR	GBI	MUI	MUB	GA	SE	SES
SC	0.790												
IT	0.363	0.750											
IC	0.268	0.340	0.802										
SI	0.486	0.401	0.387	0.748									
PI	0.257	0.241	0.330	0.351	0.843								
IS	0.377	0.224	0.332	0.477	0.582	0.796							
IA	0.279	0.343	0.265	0.395	0.361	0.343	0.833						
BA	0.340	0.475	0.413	0.378	0.334	0.441	0.358	0.813					
MUI	0.321	0.365	0.418	0.442	0.397	0.438	0.374	0.431	0.825				
MUB	0.361	0.403	0.375	0.363	0.427	0.362	0.405	0.432	0.413	0.796			
GA	0.284	0.349	0.333	0.414	0.388	0.357	0.306	0.337	0.406	0.331	0.803		
SE	0.275	0.336	0.314	0.398	0.403	0.316	0.343	0.392	0.344	0.411	0.372	0.822	
SES	0.281	0.338	0.405	0.364	0.347	0.428	0.357	0.364	0.335	0.431	0.354	0.328	0.766

5.9 多重共线性检验

前文对量表中潜变量间相关系数进行分析时，发现各潜变量间存在中度和低度相关性，表明有些变量之间并非完全独立本书研究通过多重共线性检验来判断各潜变量之间是否存在多重共线性以及其严重程度。

变量间多重共线性会导致影响解释变量系数的精确计算问题，严重的多重共线性问题可能表明理论模型的设定、变量的选择以及数据在收集的过程中存在错误。如果不对变量间严重多重共线性做出必要修正，会导致结构方程模型拟合检验的困难。

因此，本书分别以“信息分享者组团自我效能感”和“群内个体间团购信息分享效率”作为因变量，其他变量作为自变量，运用SPSS软件对本书所收集的大样本数据进行多重共线性诊断，并通过容忍度、方差膨胀因子、病态指数三个指标来检验多重共线性的严重程度。检验结果如表5-25和表5-26所示。

表5-25 多重共线性检验1

变量	容忍度(Tolerance)	方差膨胀因子(VIF)	病态指数(Condition Index)
社会分类	0.556	1.800	2.919
相互依赖	0.571	1.752	2.881
群际比较	0.603	1.657	1.891
人际互动	0.505	1.679	3.391
个体信息公开	0.651	1.536	3.716
偏好相似	0.543	1.740	2.176
身份认同	0.576	1.735	3.513
纽带认同	0.712	1.660	3.210
产品评价度高的个体组团自我效能感	0.703	1.600	3.140
个体对群内分享的团购信息认同度	0.709	1.580	3.150
团购商品属性与群体身份相关性	0.692	1.530	2.030
团购商品属性与群体纽带相关性	0.634	1.470	1.950

表 5–26　多重共线性检验 2

变量	容忍度 (Tolerance)	方差膨胀因子 (VIF)	病态指数 (Condition Index)
社会分类	0.513	1.874	2.357
相互依赖	0.716	1.654	3.620
群际比较	0.699	1.977	2.851
人际互动	0.587	1.683	3.998
个体信息公开	0.706	1.716	3.507
偏好相似	0.812	1.650	2.663
身份认同	0.633	1.779	3.852
纽带认同	0.741	1.832	3.609
产品评价度高的个体组团自我效能感	0.758	1.725	3.405
个体对群内分享的团购信息认同度	0.777	1.697	2.111
团购商品属性与群体身份相关性	0.705	1.589	2.650
团购商品属性与群体纽带相关性	0.684	1.888	2.827

根据多重共线性的检验标准，容忍度数值<0.1 或者方差膨胀因子>10，病态指数>30 的时候，变量之间存在多重共线性现象。通过表 5–25 和表 5–26 可以看出，本书中所涉及的变量的容忍度都大于 0.1，方差膨胀因子都小于 10，病态指数都小于 30，因此可以判断本书中变量之间的共线性问题不明显。

5.10　小结

为了保证数据分析的有效性，本章对收集的前测数据和正式调研数据进行了信度和效度检验，并根据检验结果删除了信度和效度不高的问卷项目。通过探索性因子分析净化了问卷项目，通过验证因子分析对模型进行了修正，提高了模型的拟合度。并对各变量进行了同源方差检验、相关系数分析以及多重共线性检验，结果证明本书的调研数据符合结构方程分析的标准，为下一步采用结构方程对本书所提出的理论模型的检验奠定了良好的基础。

6 假设检验与模型验证

本书采用结构方程模型来进行实证检验，结构方程模型的基本分析程序可分为模型发展与假设检验两个阶段，经过前文对模型的信度、效度检验，确立了本书测量模型的基础后，本章将运用 AMOS 7.0 软件进一步通过检验模型的拟合程度和路径系数的显著性对测量模型进行假设检验。

6.1 仅考虑两个变量之间的统计结果

6.1.1 身份认同影响因素分析

以下为检验社会分类、相互依赖和群际比较对身份认同的影响，测量模型如图 6-1 所示。

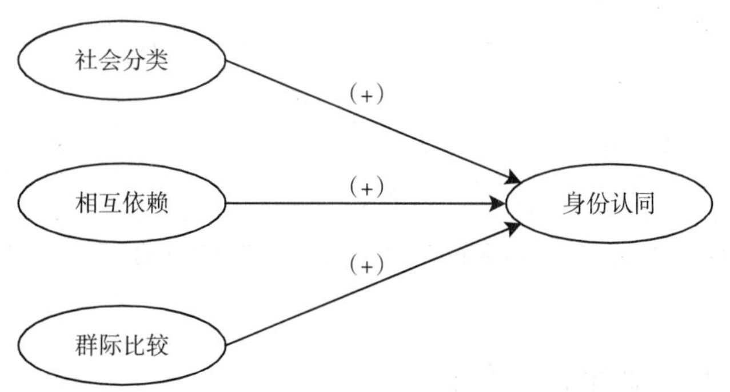

图 6-1 社会分类、相互依赖、群际比较对身份认同的影响模型

通过 AMOS 7.0 分析得到以下模型拟合度分析结果，如表 6-1 所示。

表 6-1　社会分类、相互依赖和群际比较对身份认同的拟合度检测

	χ^2/df	GFI	AGFI	NFI	CFI	RMSEA
标准值	<3	>0.9	>0.8	>0.9	>0.9	<0.08
M1	1.863	0.956	0.936	0.947	0.971	0.052

由模型 M1 的拟合参数可知，各相关指标符合标准值的要求，表示模型检验结果有效。具体的检验结果如表 6–2 所示。

表 6–2　社会分类、群内依赖、群际比较对身份认同的检验结果

	标准化路径系数	S. E.	C. R.	P	假设
身份认同<--社会分类	0.620	0.069	9.015	***	成立
身份认同<--相互依赖	0.506	0.064	8.650	***	成立
身份认同<--群际比较	0.769	0.311	2.567	0.001**	成立

注：*** 代表 P<0.001；** 代表 P<0.01；* 代表 P<0.05。

由表 6–2 的标准化路径系数与作用方向可知，社会分类对身份认同有极为显著的正向影响，路径系数为 0.620；相互依赖对身份认同具有极为显著的正向影响，路径系数为 0.506；群际比较对身份认同有较为显著的正向影响，路径系数为 0.769。因此，假设 1、假设 2、假设 3 均得到验证，影响路径如图 6–2 所示。

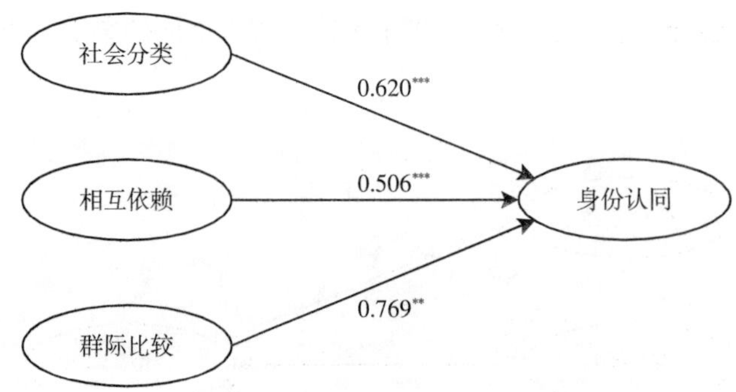

图 6–2　社会分类、相互依赖、群际比较对身份认同的参数估计路径

6.1.2　纽带认同影响因素分析

以下为检验人际互动、个体信息公开和兴趣相似性对纽带认同的影响，测量模型如图 6–3 所示。

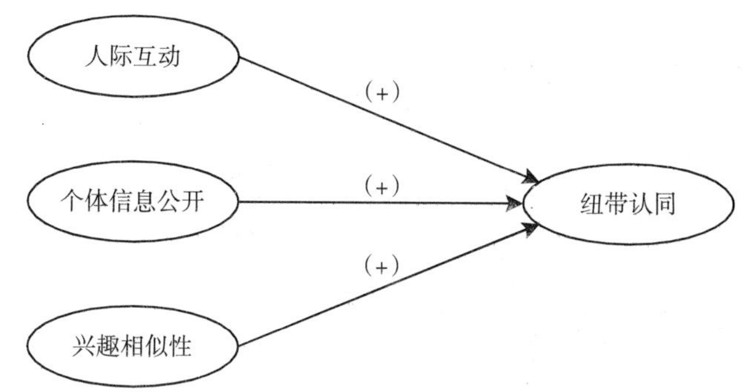

图 6-3 人际互动、个体信息公开和兴趣相似性对纽带认同的影响模型

通过 AMOS 7.0 分析得到以下模型拟合度分析结果，如表 6-3 所示。

表 6-3 人际互动、个体信息公开和兴趣相似性对纽带认同的拟合度检测

	χ^2/df	GFI	AGFI	NFI	CFI	RMSEA
标准值	<3	>0.9	>0.8	>0.9	>0.9	<0.08
M2	2.556	0.981	0.949	0.981	0.979	0.061

由模型 M2 的拟合参数可知，各相关指标符合标准值的要求，表示模型检验结果有效。具体的检验结果如表 6-4 所示。

表 6-4 人际互动、个体信息公开和兴趣相似性对纽带认同的检验结果

	标准化路径系数	S. E.	C. R.	P	假设
纽带认同<--人际互动	0.554	0.064	8.650	***	成立
纽带认同<--个体信息公开	0.681	0.063	9.651	***	成立
纽带认同<--偏好相似性	0.637	0.058	9.567	***	成立

由表 6-4 的标准化路径系数与作用方向可知，人际互动对纽带认同有极为显著的正向影响，路径系数为 0.554；个体信息公开对纽带认同具有极为显著的正向影响，路径系数为 0.681；兴趣相似性对纽带认同有极为显著的正向影响，路径系数为 0.637。因此，假设 4、假设 5、假设 6 均得到验证，影响路径如图 6-4 所示。

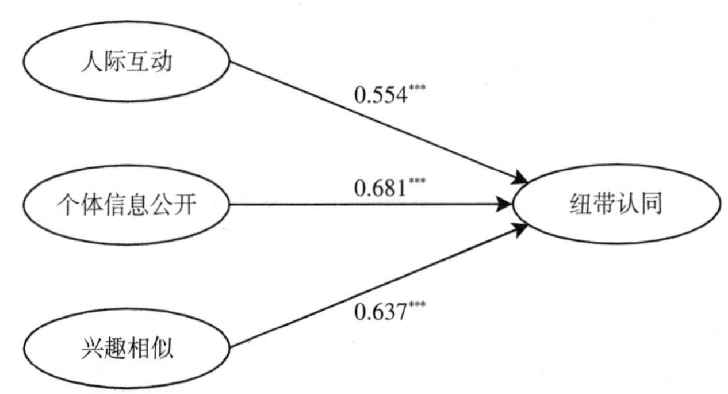

图 6-4 人际互动、个体信息公开和兴趣相似性对纽带认同的参数估计路径

6.1.3 身份与纽带认同与个体对群内分享的团购信息认同度

以下为检验身份认同和纽带认同对个体对群内分享的团购信息认同度的影响，测量模型如图 6-5 所示。

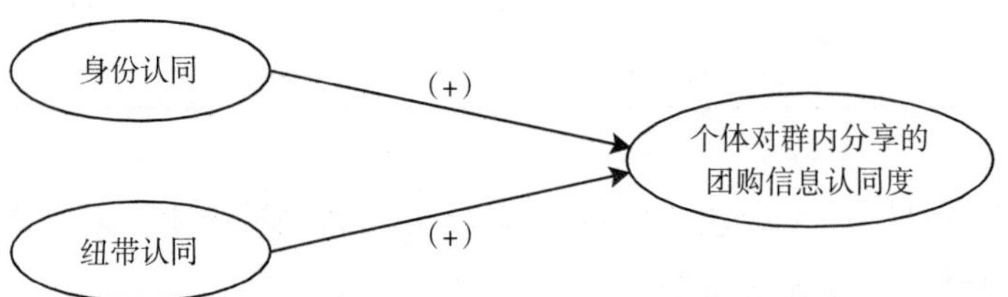

图 6-5 身份认同和纽带认同对个体对群内分享的团购信息认同度影响的测量模型

通过 AMOS 7.0 分析得到以下模型拟合度分析结果，如表 6-5 所示。

表 6-5 身份认同和纽带认同对个体对群内分享的团购信息认同度的拟合度检测

	χ^2/df	GFI	AGFI	NFI	CFI	RMSEA
标准值	<3	>0.9	>0.8	>0.9	>0.9	<0.08
M3	1.736	0.936	0.928	0.955	0.979	0.045

由模型 M3 的拟合参数可知，各相关指标符合标准值的要求，表示模型检验结果有效。具体的检验结果如表 6-6 所示。

表 6-6 身份认同和纽带认同对个体对群内分享的团购信息认同度的检验结果

	标准化路径系数	S. E.	C. R.	P	假设
个体对群内分享的团购信息认同度<--身份认同	0.833	0.069	10.014	***	成立
个体对群内分享的团购信息认同度<--纽带认同	0.579	0.064	9.012	***	成立

由表 6–6 的标准化路径系数与作用方向可知，身份认同对个体对群内分享的团购信息认同度有极为显著的正向影响，路径系数为 0.833，因此 H7 得到验证；纽带认同对个体对群内分享的团购信息有极为显著的正向影响，路径系数为 0.579，因此 H8 得到验证，影响路径如图 6–6 所示。

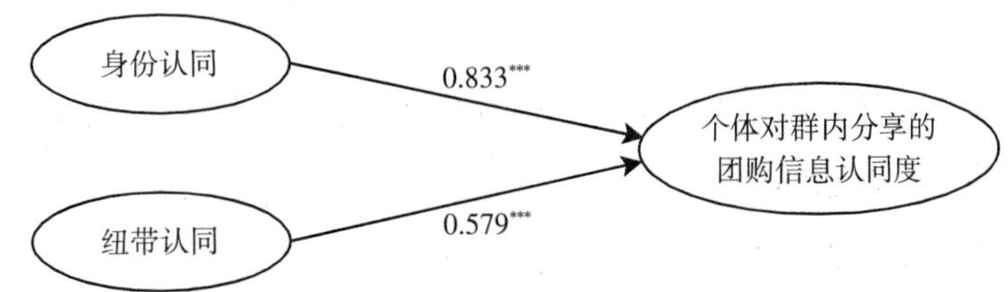

图 6–6　身份认同和纽带认同对个体对群内分享的团购信息认同度参数估计路径

6.1.4　成员对群内团购信息认同度与组团效能感以及群内团购信息分享效率

以下为检验成员对群内分享的团购信息认同度对分享者组团自我效能感以及群内个体间团购信息分享效率的影响，测量模型如图 6–7 所示。

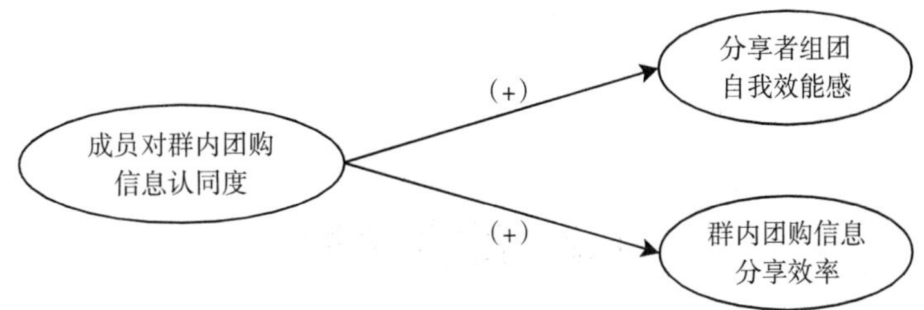

图 6–7　成员信息认同度对分享者组团自我效能感以及群内团购信息分享效率影响的测量模型

通过 AMOS 7.0 分析得到模型拟合度分析结果，如表 6–7 所示。

表 6–7　成员信息认同度对分享者组团自我效能感以及群内团购信息分享效率的拟合度检测

	χ^2/df	GFI	AGFI	NFI	CFI	RMSEA
标准值	<3	>0.9	>0.8	>0.9	>0.9	<0.08
M4	1.728	0.904	0.915	0.939	0.963	0.041

由模型 M4 拟合参数可知，各相关指标符合标准值的要求，表示模型检验结果有效。具体的检验结果如表 6–8 所示。

表 6-8 成员信息认同度对分享者组团自我效能感以及群内团购信息分享效率的检验结果

	标准化路径系数	S. E.	C. R.	P	假设
分享者组团自我效能感<--成员对群内团购信息认同度	0.803	0.059	9.764	***	成立
群内团购信息分享效率<--成员对群内团购信息认同度	0.828	0.065	10.026	***	成立

由表 6-8 标准化路径系数与作用方向可知，成员对群内分享的团购信息认同度对信息分享者组团自我效能感有极为显著的正向影响，路径系数为 0.803，因此 H9 得到验证。成员对群内分享的团购信息认同度对群内消费者间团购信息分享效率有极为显著的正向影响，路径系数为 0.828，因此 H10 得到验证，影响路径如图 6-8 所示。

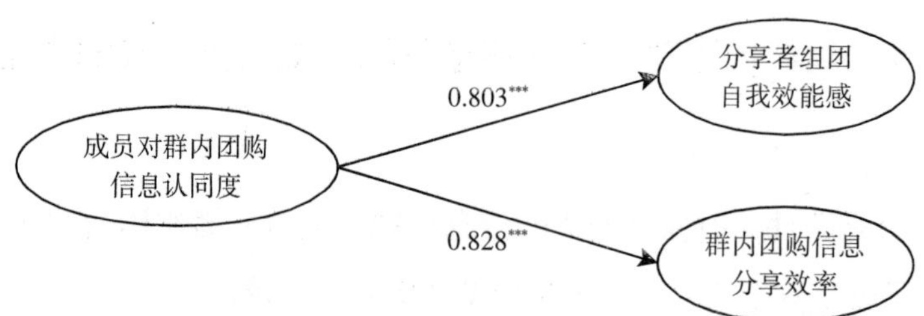

图 6-8 成员信息认同度对发起者组团自我效能感以及群内团购信息分享效率参数估计路径

6.2 综合模型

前文对于社会分类、相互依赖和群际比较对身份认同的影响，人际互动、信息公开和兴趣相似性对纽带认同的影响，身份认同和纽带认同对成员对群内分享的团购信息认同度的影响，成员对群内分享的团购信息认同度对信息分享者组团自我效能感以及群内成员间团购信息分享效率的影响的独立分析的基础上，再把整个因素综合起来，考虑通过多个变量之间的相互作用，上述假设是否依旧成立，是否会因为模型中变量的增加而发生不同的变化。本书研究的综合模型如图 6-9 所示。

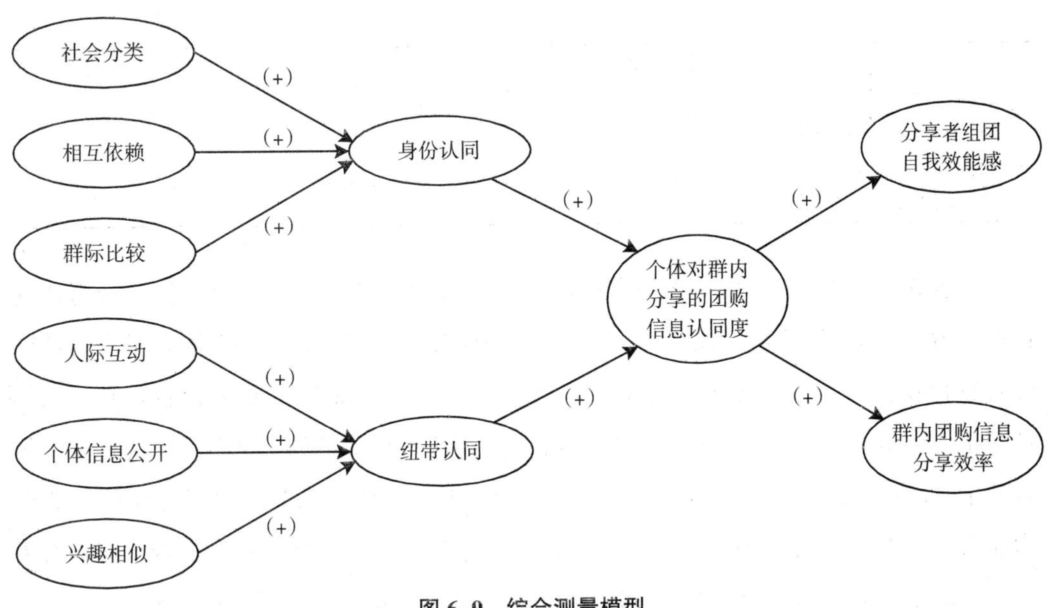

图 6-9 综合测量模型

将研究数据通过 AMOS 7.0 软件分析得到以下模型拟合度分析结果，如表 6-9 所示。

表 6-9 综合模型的拟合度检测

	χ^2/df	GFI	AGFI	NFI	CFI	RMSEA
标准值	<3	>0.9	>0.8	>0.9	>0.9	<0.08
M5	2.331	0.906	0.878	0.920	0.954	0.062

由模型 M5 的拟合参数可知，各相关指标均达到临界值的要求，表示模型拟合结果令人满意，模型的验证结果可以接受。具体的检验结果如表 6-10 所示。

表 6-10 综合模型的检验结果

	标准化路径系数	S. E.	C. R.	P	假设
身份认同<--社会分类	0.628	0.058	10.845	***	成立
身份认同<--相互依赖	0.675	0.072	9.357	***	成立
身份认同<--群际比较	0.321	0.207	3.564	0.012*	成立
纽带认同<--人际互动	0.663	0.067	8.976	***	成立
纽带认同<--信息公开	0.655	0.246	2.659	0.008**	成立
纽带认同<--兴趣相似	0.488	0.061	9.824	***	成立
个体对群内分享的团购信息认同度<--身份认同	0.356	0.043	2.589	***	成立
个体对群内分享的团购信息认同度<--纽带认同	0.474	0.074	6.384	***	成立

续表

	标准化路径系数	S.E.	C.R.	P	假设
分享者组团自我效能感<--成员对群内团购信息认同度	0.464	0.057	5.968	***	成立
群内团购信息分享效率<--成员对群内分享团购信息认同度	0.485	0.063	6.023	***	成立

由表 6-10 的影响系数与作用方向可知以下假设得到验证：社会分类对身份认同具有极为显著的正向影响（β = 0.628，S. E. = 0.058），支持 H1；相互依赖对身份认同具有极为显著的正向影响（β = 0.675，S. E. = 0.072），支持 H2；群际比较对身份认同具有正向影响（β = 0.321，S. E. = 0.207），支持 H3；人际互动对纽带认同具有极为显著的正向影响（β = 0.663，S. E. = 0.067），支持 H4；个体信息公开对纽带认同具有较为显著的正向影响（β = 0.655，S. E. = 0.246），支持 H5；兴趣相似性对纽带认同具有极为显著的正向影响（β = 0.488，S. E. = 0.061），支持 H6；身份认同对个体对群内分享的团购信息认同度有极为显著的正向影响（β = 0.356，S. E. = 0.043），支持 H7；纽带认同对个体对群内分享的团购信息认同度有极为显著的正向影响（β = 0.474，S. E. = 0.074），支持 H8；成员对群内分享的团购信息认同度对信息分享者组团自我效能感有极为显著的正向影响（β = 0.464，S. E. = 0.057），支持 H9；成员对群内分享的团购信息认同度对群内个体间团购信息分享效率有极为显著的正向影响（β = 0.485，S. E. = 0.063），支持 H10。影响路径如图 6-10 所示。

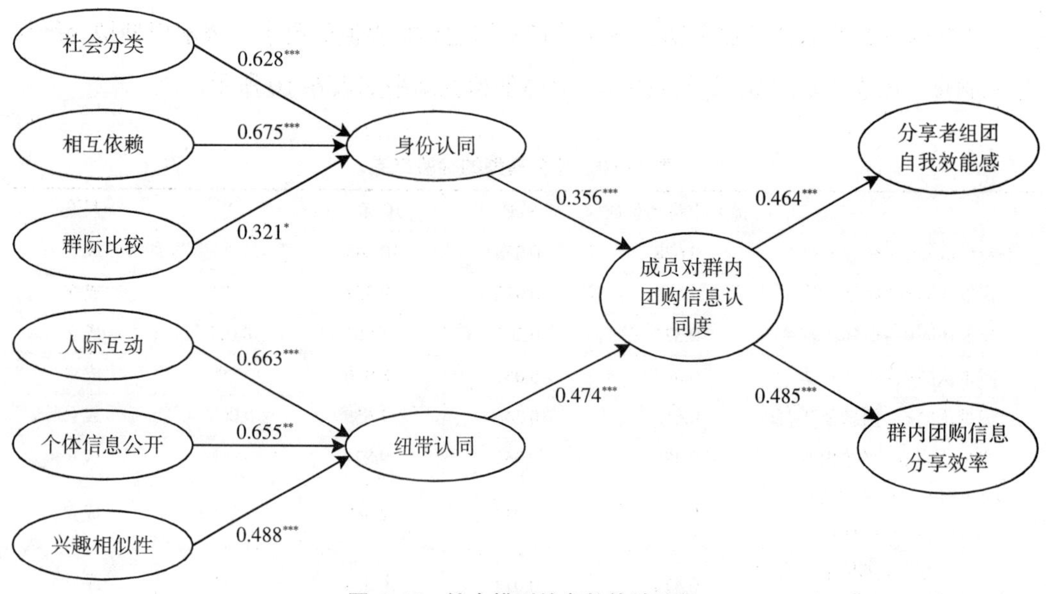

图 6-10 综合模型的参数估计路径

根据结构方程模型的分析结果，逐一验证了以上研究假设，以下将仅考虑两个变量影响关系的检验结果与综合模型的检验结果进行比较，比较结果如表 6-11 所示。

表 6-11 两两关系检验结果与综合模型检验结果比较

变量关系	假设	两两检验结果	综合模型检验结果	一致性
身份认同<--社会分类	H1	成立	成立	一致
身份认同<--相互依赖	H2	成立	成立	一致
身份认同<--群际比较	H3	成立	成立	一致
纽带认同<--人际互动	H4	成立	成立	一致
纽带认同<--个体信息公开	H5	成立	成立	一致
纽带认同<--兴趣相似	H6	成立	成立	一致
成员对群内分享的团购信息认同度<--身份认同	H7	成立	成立	一致
成员对群内分享的团购信息认同度<--纽带认同	H8	成立	成立	一致
分享者组团自我效能感<--成员对群内团购信息认同度	H9	成立	成立	一致
群内个体间团购信息分享效率<--成员对群内分享团购信息认同度	H10	成立	成立	一致

6.3 调节效应检验

6.3.1 团购商品属性与群体身份相似性的调节效应检验

如果变量 Y 与变量 X 的关系是变量 M 的函数，称 M 为调节变量。就是说 Y 与 X 的关系受到第三个变量 M 的影响，调节效应意味着两变量之间的因果关系随着调节变量的取值不同而产生变化。

本书采用线性回归来检验商品属性与群体身份相关性的调节效应。先对身份认同、成员对群内分享的团购信息认同度以及商品属性与群体身份相关性的测量分别取其对应测量项目的平均值。

成员对群内分享的团购信息认同度对身份认同进行回归，结果如表 6-12 所示。结果显示，成员对群内分享的团购信息认同度对身份认同的回归系数为 0.793，T 值为

8.895，P 值为 0.000，说明身份认同对成员对群内分享的团购信息认同度有显著的正向影响，这也进一步验证了 H7 成立。

表 6–12　成员对群内分享的团购信息认同度对身份认同的回归结果

Model 1	非标准化系数		标准化系数	T 值	P 值
	系数	标准误差	系数		
常数项	0.680	0.248		2.747	0.000
身份认同	1.049	0.050	0.793	8.895	0.000

注：因变量：成员对群内分享的团购信息认同度。

接下来，先将身份认同和商品基本属性与群体身份相关性两个变量中心化。然后，成员对群内分享的团购信息认同度对这两个变量进行回归。结果如表 6–13 所示，此时判定系数 R^2 为 0.724。

表 6–13　成员对群内分享的团购信息认同度对身份认同和团购商品与群体身份相关的回归结果

Model 2	非标准化系数		标准化系数	T 值	P 值	判定系数 R^2
	系数	标准误差	系数			
常数项	0.988	0.245		4.032	0.000	0.724
身份认同	0.926	0.054	0.701	17.059	0.000	
商品身份相关性	0.074	0.040	0.086	1.180	0.003	

注：因变量：成员对群内分享的团购信息认同度。

为了检验调节效应的存在，引入新的变量：身份认同×商品身份相关性，成员对群内分享的团购信息认同度对三个变量进行回归，结果如表 6–14 所示。

表 6–14　成员对群内分享的团购信息认同度对三者的回归结果

Model 3	非标准化系数		标准化系数	T 值	P 值	判定系数 R^2
	系数	标准误差	系数			
常数项	1.103	0.296		2.386	0.000	0.785
身份认同	0.911	0.057	0.689	15.889	0.000	
商品身份相关性	0.076	0.042	0.088	1.230	0.000	
身份认同 × 商品身份相关性	0.031	0.037	0.037	0.852	0.004	

注：因变量：成员对群内分享的团购信息认同度。

结果显示，新加入的变量：身份认同×商品身份相似性的回归系数为 0.037，T 值为 0.852，此时的判定系数 R^2 为 0.785。R^2 变化量为 0.061×（0.785–0.724）。因此可以得出结论，网络团购商品属性与群体身份相关性对身份认同和成员团购信息认同度的正向调节效应明显。因此 H10 成立。

6.3.2 团购商品属性与群体偏好相似性的调节效应检验

本节对商品属性与群体兴趣相似性对纽带认同和成员对群内分享的团购信息认同度的调节效应检验。对纽带认同、成员对群内分享的团购信息认同度和商品属性与群体兴趣偏好相关性大小的测量，分别取其对应测量项目的平均值。成员对群内分享的团购信息认同度对纽带认同进行回归，结果如表 6–15 所示。结果显示，个体对群内分享的团购信息认同度对纽带认同的回归系数为 0.719，T 值为 16.573，P 值为 0.000，说明纽带认同对成员对群内分享的团购信息认同度具有显著的正向影响，这也进一步验证了 H8 成立。

表 6–15 成员对群内分享的团购信息认同度对纽带认同的回归结果

Model 4	非标准化系数		标准化系数	T 值	P 值
	系数	标准误差	系数		
常数项	0.935	0.260		3.595	0.000
纽带认同	0.850	0.051	0.719	16.573	0.000

注：因变量：成员对群内分享的团购信息认同度。

接下来，先将纽带认同和网络团购商品属性与群体兴趣相关性两个变量中心化。然后，成员对群内分享的团购信息认同度对这两个变量进行回归。结果如表 6–16 所示，此时判定系数 R^2 为 0.711。

表 6–16 成员对群内分享的团购信息认同度对纽带认同和商品属性与群体兴趣相关性的回归结果

Model 5	非标准化系数		标准化系数	T 值	P 值	判定系数 R^2
	系数	标准误差	系数			
常数项	1.550	0.282		5.503	0.000	0.711
纽带认同	0.728	0.056	0.656	13.090	0.000	
商品兴趣相关性	0.193	0.041	0.223	4.735	0.000	

注：因变量：成员对群内分享的团购信息认同度。

为了检验调节效应的存在，引入新的变量：纽带认同×商品兴趣偏好相关性，成员对群内分享的团购信息认同度对三个变量进行回归，结果如表 6–17 所示。

表 6–17 成员对群内分享的团购信息认同度对三者的回归结果

Model 6	非标准化系数		标准化系数	T 值	P 值	判定系数 R^2
	系数	标准误差	系数			
常数项	1.800	0.298		6.047	0.000	0.763
纽带认同	0.683	0.058	0.578	11.754	0.000	
商品兴趣偏好相关性	0.160	0.043	0.184	3.742	0.000	
纽带认同 × 商品兴趣偏好相关性	0.090	0.037	0.119	2.413	0.007	

注：因变量：成员对群内分享的团购信息认同度。

结果显示，新加入的变量：纽带认同×商品兴趣偏好相关性的回归系数为 0.119，T 值为 2.413，此时的判定系数 R^2 为 0.763。R^2 变化量为 0.052×（0.763–0.711）。因此可以得出结论，网络团购商品属性与群体兴趣相似性对纽带认同和成员对群内分享的团购信息认同度的正向调节效应明显。因此 H11 成立。

6.4 假设检验结果和结论讨论

根据结构方程模型的分析结果和调节效应的检验，逐一验证了所有的研究假设，以下将所有的假设验证汇总如表 6–18 所示。

表 6–18 研究假设检验结果汇总

研究假设	检验结果
H1：社会分类正向影响身份认同	成立
H2：相互依赖正向影响身份认同	成立
H3：群际比较正向影响身份认同	成立
H4：人际互动正向影响纽带认同	成立
H5：个体信息公开正向影响纽带认同	成立
H6：个体兴趣相似性正向影响纽带认同	成立
H7：身份认同正向影响个体对群内分享的团购信息认同度	成立
H8：纽带认同正向影响个体对群内分享的团购信息认同度	成立

续表

研究假设	检验结果
H9：成员对群内分享的团购信息认同度正向影响信息分享者组团的自我效能感	成立
H10：成员对群内分享的团购信息认同度正向影响群内个体间团购信息分享效率	成立
H11：网络团购商品属性与群体身份相关性对身份认同和成员团购信息认同度具有正向调节效应	成立
H12：网络团购商品属性与群体兴趣相似性对纽带认同和成员团购信息认同度具有正向调节效应	成立

社会分类（β = 0.628，S. E. = 0.058）、相互依赖（β = 0.675，S. E. = 0.072）和群际比较（β = 0.321，S. E. = 0.207）分别对身份认同产生显著的正向影响，人际互动（β = 0.663，S. E. = 0.067）、个体信息公开（β = 0.655，S. E. = 0.246）、兴趣相似性（β = 0.488，S. E. = 0.061）分别对纽带认同产生显著的正向影响。身份认同（β = 0.356，S. E. = 0.043）与纽带认同（β = 0.474，S. E. = 0.074）分别对成员团购信息认同产生正向影响，成员团购信息认同度（β = 0.464，S. E. = 0.057）不但正向影响组团者组团自我效能感，而且正向影响团购信息分享效率（β = 0.485，S. E. = 0.063）。最后，通过调节效应的检验，商品属性与群体身份的相关性、商品属性与群体兴趣的相关性在社群认同与成员团购信息认同度的关系中起到了正向调节作用。

通过结构方程模型的研究结果可以发现：首先，导致个体对网络社群的身份认同的前因变量包括社会分类、相互依赖和群际比较三个变量。三个变量对身份认同产生显著的影响，其中，相互依赖的路径系数为 0.675，表明了相互依赖对身份认同的影响最大。其次是社会分类，路径系数为 0.628。最后是群际间比较，路径系数为 0.321。导致个体对网络社群的纽带认同的前因变量包括人际互动、个体信息公开和兴趣相似性三个变量。三个变量对身份认同产生显著的影响，其中，人际互动的路径系数为 0.663，表明了人际互动对纽带认同的影响最大；其次是个体信息公开，路径系数为 0.655；最后是兴趣相似性，路径系数为 0.488。

在身份认同的社群中，个体对网络社群的身份认同度越高，对该网络社群内所分享的网络团购信息认同度越高，路径系数为 0.356；在纽带认同的社群中，个体对网络社群的纽带认同度越高，对该网络社群内所分享的网络团购信息认同度越高，路径系数为 0.474。表明了个体对网络社群的认同度可以使个体对所认同的群体所分享的网络团购信息产生认同，说明了个体对信息的认同与个体所感知到的信息源的质量以及信息源与自身的密切程度存在紧密联系。

网络社群成员对社群内分享的网络团购信息认同度越高，信息分享者对网络团购组团自我效能感越高，路径系数为 0.464，说明社群成员对分享的团购信息的积极回应，可以提高信息分享者对组团成功的效能预期，从而促使其为组团成功付出更多的努力。网络社群成员对社群内分享的网络团购信息认同度越高，网络团购信息在社群内的分享效率越高，路径系数为 0.485，表明成员对社群内的团购信息的信任、关注以及感知价值可以显著提高潜在消费者对产品的评价度，一方面表现为潜在消费者在购买意愿提高后参与团购，另一方面表现为潜在消费者加入了组团者的行列，为了促使团购成功，继续向其他成员分享网络团购信息，形成了良性循环。

最后，通过研究发现，商品属性在个体对群体认同转化为对群体发出的信息的认同过程中起到了调节效应。其中，网络团购商品属性与群体身份相关性对身份认同和成员团购信息认同度起到了明显的正向调节效应，判定系数 R^2 的变化量为 0.061。表明只有在团购商品属性与群体共同身份高度相关的条件下，成员个体对网络社群的身份认同度越高，才能对该网络社群内所分享的网络团购信息认同度越高。同样，网络团购商品属性与群体共同的兴趣的相关性对纽带认同和成员团购信息认同度起到了明显的正向调节效应，判定系数 R^2 的变化量为 0.052。表明只有在团购商品属性与群体共同的兴趣高度相关的条件下，成员个体对网络社群的纽带认同度越高，才能对该网络社群内所分享的网络团购信息认同度越高。

6.5 小结

本章采用结构方程模型方法对理论假设进行实证检验，采用 AMOS 7.0 软件进一步通过检验模型的拟合程度和路径系数的显著性对测量模型进行假设检验。结果表明，模型的适配度较好，假设模型的 12 条假设得到支持。

7 案例研究

案例研究被学者们视为同实证研究、规范研究并称的三大研究方法之一。由于各种研究方法都有其优缺点，所以当代社会科学界特别强调多元研究方法论，认为需要兼采质化、量化的不同方法来探讨同样的问题，以强化研究结果的坚韧度。因此，学者们提出了全循环研究方法。全循环研究方法是指研究者兼采归纳法与演绎法，通过科学研究循环来探讨一个问题，以建立有力、坚实且具类推性的理论。在研究循环当中，无论是理论建构还是理论验证，案例研究都是不可忽略的一环。一般而言，相较于其他研究方法，案例研究能够对案例进行翔实的描述与系统的理解，而且对动态的互动历程与所处的情境脉络亦会加以掌握，以获得一个较全面与整体的观点。另外，由于案例研究着重于事件的检视，不介入事件的操控，而可以保留生活事件的整体性与有意义的特征，有助于研究者检验理论与现实情境的契合性。Yin（1994）认为，案例研究可分为三大类：验证理论、探索理论和描述现象。本书的案例研究主要用来检验本书所提出的理论框架在具体的企业营销实践情境中是否有效和契合，以提高本书研究结论的坚韧度。因此，本书的案例研究属于验证理论的范畴。该模式可以简洁地表示为“先理论构建+再实证研究+后案例检验”。大量研究说明，案例研究方法是验证理论、评判理论以及构建新理论的有效方法，能够具体回答“是什么”、“为什么”和“怎么样”的问题，因此案例研究适合解答本书的问题。

7.1 问题界定

基于第 2 章理论构建以及第 5 章、第 6 章实证研究的基础上，本章通过案例重点验证以下几个问题：①社会分类、相互依赖、群际比较是否会正向影响个体对网络社群的身份认同度？②人际互动、个体信息公开、兴趣相似性是否会正向影响个体对网络社群的纽带认同度？③身份认同和纽带认同是否会正向影响个体对群内网络团购信息的认同度？④成员对群内分享的团购信息认同度是否会正向影响信息分享者组团的自我效能感？⑤成员对群内分享的团购信息认同度是否会正向影响成员间团购信息分享效率？⑥网络团购商品属性与群体身份相关性是否对身份认同和成员团购信息认同度产生正向调节效应？⑦网络团购商品属性与群体兴趣相关性是否会对纽带认同和成员团购信息认同度产生正向调节效应？这些具体问题是对本书在第4章基于文献研究的基础上所提出的理论框架的检验，主要可以归纳为四个层面：①个体是如何对所在网络社群产生认同的？②个体对所在社群的认同是如何影响其对群内团购信息的认同度的？③个体对群内团购信息认同度是如何影响信息分享者组团自我效能感和团购信息在群内的分享效率的？④商品属性与群体身份或兴趣的相关性是否会对群体认同与信息认同产生调节效应？

7.2 案例选择

7.2.1 身份认同社群团购案例

本书在研究基于身份认同的网络社群团购的案例选取中，选择了新浪亲子论坛的育儿北京团购网站。新浪亲子论坛是以婴幼儿以及少儿培养和教育为主题的论坛，聚集了关注婴幼儿成长的母亲和准妈妈们。母亲们在论坛上通过注册成为论坛的会员，经常交流互动与育儿相关的主题和信息，会员注册数达到59万人。北京育儿团购依托新浪亲子论坛为载体，成立于2003年，以北京地区的论坛会员为主体，开展一系列与婴幼儿以及少儿培养教育相关的主题团购活动，会员达到5万人。据统计，自成立以来的10年中，论坛成功组织各种产品和服务的团购80余万次，主要团购产品包括婴幼儿食品、保健品、玩具、智能开发产品和书籍、婴幼儿服装等产品以及婴幼儿培训、婴幼儿相关的活动如儿童音乐剧等相关服务。新浪亲子论坛北京育儿团购主要采取通过备案的会员取得团长资格才能进行组团。

根据Tajfel等（1971）对身份群体认同的定义，个体感知到社群成员与自我拥有共同的社会身份和角色，从而有共同的目标和命运，从而对该群体产生归属感和亲近感。在这个群体内，尽管成员之间缺少相互关系，但只要他们拥有一个共同的群体身份，他们仍然表现出对群体内的偏好行为。通过对 35 名社群活跃度较高的成员进行一对一访谈和对团购社群内通过筛选与群体认同相关的 985 条论坛帖子进行内容分析，分析结果发现 95%的成员对群体的偏好行为表现出以下特征：①对社群亲子主题彰显母亲身份共性的认同。②对共同的目标认同，即如何科学地培育孩子，开展相应的亲子活动并搜寻相关的产品。③感知到成员的相似性以及与非社群成员的差异性。④社群成员以共同的身份而非相互的纽带关系形成群体，会员通常采用匿名制，如“露露的妈妈”等，群体中的成员流动不会影响群体的稳定，已有成员和新加入成员都是对群体的母亲共同身份的认同导致成员对群体的忠诚和加入。通过以上分析，结合身份认同群体的定义与特征分析，新浪亲子论坛北京育儿团购网属于典型的身份认同的群体。同时，通过笔者对各类基于社群团购网站的比较，新浪亲子论坛的育儿北京团购网站在团购信息交流和组团频率高于其他同类网站，因此本书选取该网站作为基于身份认同的网络社群团购的研究案例。

7.2.2 纽带认同社群团购案例

本书在研究基于纽带认同的网络社群团购的案例选取中，选择了户外运动论坛驴友团购网站。该网站是基于户外运动论坛成立的团购网站。户外运动论坛是以户外运动和旅游为主题，为热爱旅游和户外运动的人士共同组团进行户外运动或旅游（如登山、自驾游）并通过组团活动建立户外运动和旅游爱好者关系纽带的社交服务网站。该网站成立于 2005 年，在全国各个城市都拥有分支网站，拥有会员 120 万人。团购网站的主要服务内容包括户外运动设备团购，自驾游组团、登山运动组团，徒步旅行组团等项目和产品，受到了热爱旅游和户外运动人群的喜爱与推崇。网站累计交易次数达到 56987 次，交易金额达到 9000 多万元。

根据 Tajfel 等（1971）对纽带群体认同的定义，个体感知到社群成员与自我拥有共同的兴趣爱好，从而在线上交流个人信息并就共同的兴趣爱好进行互动，继而在线下围绕共同的兴趣爱好开展活动，建立友情，保持长期的关注与联系，形成了成员间紧密的关系纽带。从而对该群体产生的归属感和亲近感。通过对 35 名社群活跃度较高群体成员的一对一访谈和 842 条论坛成员交互帖子进行内容分析，结果发现 95%的成员对群体的偏好行为表现出以下特征：①社群成员共同的兴趣爱好建立了彼此的认同感。②借助于网站平台的线上信息交流与互动，成员们线下经常组织相关的活动，并在活动中建立了长期的纽带联系并彼此关注。③社群成员通常采用实名制并分享私人信息，彼此相互熟悉和喜爱，成员对群体的忠诚主要是因为彼此的纽带认同。通过以上分析，结合纽带认同群体的定义与特征分析，户外运动论坛驴友团购社群是典型的基于纽带认同的群体。同时，通过笔者对各类基于社群团购网站的比较，户外运动论坛驴友团购网站在团购信息交流和组团频率高于其他同类网站，因此本书选取该网站作为基于纽带认同的网络社群团购的研究案例。

7.3 研究方法

7.3.1 资料收集

为了使研究具有构念效度，让概念得到准确的衡量，在本案例研究中，采取了多重证据的三角验证，使各种来源数据能够取长补短，相辅相成。这些来源主要包括三个途径：①研究团队的 5 名成员自 2012 年 9 月登记注册为相关团购网站会员，实际参与社群团购的活动以体验团购网站运营情况，并实地观察团购网站社群的互动情形。②2016 年 3~12 月通过 QQ 和电话等通信工具对社群中活跃度较高的成员和团购信息分享者进行一对一的深度访谈，访谈提纲按照研究问题设计。③收集了 2016 年 3~12 月论坛成员交流互动的帖子和站内公告，主要分为两类：群内日常交流和团购信息分享的帖子。通过以上的资料收集建立证据链，让收集的资料具有连贯性且符合一定的逻辑，保证了构念效度。④我们对重要信息提供人进行了审查，来确保资料与报告反映了我们所要探讨的现象，而非研究者个人的偏见。为了做到这一点，我们还选择了营销系的 3 位博士作为能够挑战资料、证据及结论的唱反调者，针对我们资料的收集、分析及结果与报告提出严苛的质疑，用以检视我们的盲点与偏见，以确保收集的资料能够反映研究构念。

7.3.2 数据分析方法

7.3.2.1 信息交流帖的分析方法

本书对所收集的社群成员团购信息交流帖使用内容分析法归纳分析。内容分析法是一种把媒介上的文字和信息转化为定量数据以探寻客观规律的研究方法。如果能得到消费者的书面记录资料，内容分析法是研究消费者行为的一种非常有用的方法（Kassarjian，1997）。互联网的互动性、去中心化、超链接结构和多媒体形式等特征给内容分析法的每一个步骤都带来了机会和挑战（Weare et al.，2000）。文本信息交流是一种低社会存在的媒介，是网络社群中占主导地位的交流模式（Koh et al.，2007），为我们应用内容分析方法研究消费者行为提供了极大的便利。内容分析法可分为理论思考、建立类目（Category）、试测（Pretest）、测量信度、资料收集和结果解释五个步骤（Bos et al.，1999）。其中，测量信度是一个关键环节。测量信度是指分析类目的可信度，不同的编码人员根据类目标准对分析单位的判别应具有一致性意见。信度的计算公式为：

$$R = \frac{t \times K}{1 + (t-1) \times K} \quad \text{公式（7-1）}$$

$$K = \frac{2M}{N_1 + N_2} \quad \text{公式（7-2）}$$

公式（7-1）、公式（7-2）中，R 表示信度，t 表示编码人数，K 表示相互同意度，M 表示编码人回答相同的题数，N_1 和 N_2 表示两位编码人各自回答的题数。如果信度大于 85%则令人满意，如果小于 80%，研究结果就值得怀疑。

为了确保内容分析的信度和效度，先将内容分析标准与一位担当版主的网友和一位副教授分别做了多次讨论，然后请一位硕士研究生参与编码分类。由笔者与这位编码员对按时间排序的前 100 个帖子进行试测。在试测前，由笔者对编码员详细说明了研究目的和内容分析方法，解释帖子类别的含义，直到该编码员熟练掌握类目界限和程序。试测结果表明信度可接受。接下来，笔者和编码员独立地对所收集的帖子进行编码分类。按照分类标准对帖子完成编码分类后，由笔者对分类结果进行统计分析，根据公式（7-1）和公式（7-2）求得内容分析的信度为 85.7%，该结果满足 Kassarjian（1997）提出的信度标准，可见，本书的内容分析具有较高的可信度。通常，把主编码员的分类结果作为内容分析的最终结果。

7.3.2.2 深度访谈内容的分析方法

我们对社群中活跃度较高的成员进行一对一的深度访谈，为保证访谈资料能真实反映被访者的想法，防止由于引导被访者而产生数据效度问题，本书采用半结构化的访谈和提问方式，并根据被访者的回答进一步挖掘和追问。在对访谈资料的分析中，本书采用了扎根理论中的三步骤编码方法。先对访谈资料进行一级编码（Open Coding），得到 N 个条目的条目库，编码的过程中，借鉴了忻榕（2004）的做法，第一步，由课题组两名成员分别对条目按照所研究的问题进行独立编码；第二步，两名成员讨论存在差异的编码条目，并争取对存在差异的条目达成共识；第三步，另外两名成员检查之前的编码结果，并对前两位成员仍存在异议的条目进行讨论。后两位成员仍然无法达成一致的条目被视为模棱两可的条目，不适合做进一步分析，因此剔除这些模棱两可的条目。接下来，对保留的有效的条目进行二级编码（Axial Coding），对这些条目进行分类编码，编码的依据即是本书案例研究所界定的七个问题。发现和建立条目与构念之间的从属联系。编码的过程中继续采用一级编码的工作步骤和方法。为进一步比较不同研究人员编码分析的一致性程度，本书使用 Cohen's Kappa 系数进行判断。Cohen's Kappa 系数用来测量不同主体对同一客体判断的一致性程度，由于综合考虑了一致和不一致的发生概率，因此要比单纯的一致性比率更有效。Kappa 系数的检验结果表明（见表 7-1），编码过程的一致性较为理想，一致性系数>0.5，P 值<0.05，说明编码人员的意见比较一致。

表 7-1 编码一致性 Cohen's Kappa 系数检验

编码	K	P	编码	K	P
社会分类	0.631	0.001	身份认同	0.742	0
相互依赖	0.549	0.003	纽带认同	0.611	0
群际比较	0.712	0	团购信息认同	0.598	0.002
人际互动	0.697	0	组团效能感	0.692	0
个体信息公开	0.731	0	团购信息分享效率	0.735	0
兴趣相似	0.655	0			

最后对上述构念进行三级编码（Selective Coding），以确定构念之间的因果关系。在三级编码过程中，为了发现各编码变量之间的关联关系和内容上的因果关系，本书采用了定性分析软件 ATLAS.ti 的关系查询功能。具体步骤如下：首先使用 ATLAS.ti 软件的查询功能寻找众多编码条目之间在空间上的关联关系。由于编码之间的关联关系可能预示着因果关系，因此我们接着对具有关联关系的编码进行内容分析，以判定编码之间是否存在因果关系。鉴于各个编码条目之间的关系错综复杂，很多编码条目之间的关系缺乏合理的逻辑性，因此本书优先关注关联频次较高的关联关系，以更好地把握各个编码条目之间主要并且逻辑性较强的关系。在定义关联频次较高的标准方面，我们采用了 Malina 和 Selto（2001）提出的计算标准的方法，用所有编码关联关系的平均值加上标准差，本书为 6.79（关联关系的平均值）+7.78（标准差）≈15，因此本书将优先关注各编码变量之间的关联关系总数超过 15（含 15 条）的上级编码的关联关系。如果各编码变量之间的关联关系总数符合这个标准，便继续使用内容分析法判断

下级编码之间的因果关系，寻找关联强度高的因果关系以验证理论模型。

7.4 资料分析结果

7.4.1 新浪亲子论坛北京育儿团购案例分析

本书先对案例 1 的访谈资料和成员交流帖的内容进行一级编码，得到了一个包含 156 个条目的条目库，接下来对条目库中的 156 个条目进行分类编码，编码的依据即是本书所研究的与身份认同社群相关的五个问题。最后从 156 个条目中剔除了 12 条，保留了 144 条有效的条目。接下来对 144 条有效条目进行二级编码，分别涉及社会分类、相互依赖、群际间比较、身份认同、成员对群内分享的团购信息认同度、信息分享者组团的自我效能感和团购信息群内分享效率。最后对上述构念进行三级编码，以确定因果关系。

在身份认同的影响因素中，社会分类与身份认同的 32 条关联中有 25 条显示明确的因果关系，集中表现为成员认为网站以北京地区 0~12 岁幼儿和少儿母亲的分类定位使自己成员在育儿话题上产生共鸣，进一步拉近了社群成员间的心理距离，对群体身份认同感度较高。相互依赖与身份认同的 28 条关联中有 21 条显示出明显的因果关系，主要表现为社群成员愿意就育儿方面的问题进行相互帮助和解答，教育信息资源的互补性，增强了成员间彼此的相互依赖性，提高了成员对群体的身份认同度。群际比较与身份认同的 17 条关联中 15 条显示出明显的因果关系，主要表现为由于新浪亲子论坛有很多其他地区的育儿团购，论坛经常举办各个团购分支的交流与评比，在这个过程中，北京育儿团购提出了做服务于北京妈妈并提供最低价格，服务最周到、最诚信的团购网站。这一号召引起了群体成员积极的响应和支持。大家纷纷出谋划策，帮助建立团购流程、规章制度、团长备案以及审核制度，社群内开团有严格的管理规定，很多成员甚至牺牲自己的业余时间做网站的志愿者，监督团购价格和质量问题，帮助解答成员的提问与投诉。许多成员表示，不能允许网站出现欺骗消费者的问题出现，因为这会使北京育儿团购多年由大家共同建立起来的名誉蒙羞，不能输给其他地区的育儿团购网站。从以上分析可以看出，群际比较可以让社群成员产生强烈的群体身份认同感。

身份认同与团购信息认同的 31 条关联中 29 条显示出明确的因果关系，主要表现为群体的认同可以提高成员对群内分享团购信息的关注度、信任度与感知价值。如编号 BG005 的受访者所描述的：“尽管互不相识，但我依然信任群内成员发布的团购信息，因为我们都是孩子的母亲，大家聚在论坛上相互交流，互通有无，通过组团购买，我们都是受益者。”编号 BG011 的受访者则强调：“一个人的精力和知识总是有限的，社群里这么多妈妈都把各自的最有价值的信息的资源分享出来，这个价值是巨大的。”编号 BG008 的受访者谈到：“论坛中的母亲在为孩子选择商品的时候都花费了大量的心思，积累了丰富的经验和教训，成员们所发布的团购商品信息让我为孩子选择相关产品和服务时省去了不少时间和精力，这么多年下来，孩子的玩具、衣服、培训班基本都是在论坛团购的，而且都非常不错，所以我经常关注论坛上的团购信息。”以上典型代表内容分别支持了身份认同对群内团购信息认同中的信息信任、信息感知价值和信息关注度三个维度。通过分析成员对团购信息回帖数据分析也印证了这个观点，在北京育儿团购的社群中，通过对 874 条对团购信息分享者发布的团购信息的回帖发现，87.5%的回帖表现出对群内团购信息的信任，88%的回帖表现出感知到对群内团购信息价值，95%的回帖表现出对群内团购信息感兴趣并保持关注。

在信息认同与组团效能感的 26 条关联中有 24 条显示出明确的因果关系，社群中有活跃的信息分享者，在与她们的访谈中，发现她们对组团的自我效能感较强。98%的团购信息分享受访者认为，群体成员对她们发布的信息的认同是她们坚信组团一定能够成功的关键要素，这会促使她们更加积极热情地向社群成员们提供更多的信息，分享更多的体验，更加耐心地回答其他成员的问题。如编号为 BJS015 的受访者提到：“有一次我们经过中国儿童艺术剧院时，觉得门前冷冷清清。这么好的节目没人看，实在可惜，于是我们就在论坛里组织大家看。结果大家对我的号召响应非常热烈，这大大增强了我组团的信心和热情，通过组织几次集体包场后，观看儿艺演出的人越来越多，我现在成了中国儿艺在新浪亲子论坛北京团购的代言人了，感觉到很有成就感。”论坛团购信息帖的数据分析显示，开团频率最高的组团者所发布的信息也是受到成员认同度最高的。

在信息认同与分享效率的 32 条关联中有 28 条显示出明确的因果关系，支持了对群内团购信息的认同提高了信息分享效率的两个维度：产品评价度提升参与团购以及补充完善信息继续传播。其中，89%的受访者认为，对产品评价度的提升源自对信息的认同，85%的受访者谈到对信息的认同后，都会继续完善补充信息并进一步分享给其他社群成员，以促成组团的成功。团购信息回帖数据也支持了这个论证，我们选择了儿童服装、英语培训、儿童图书、儿童护肤品以及智能开发玩具 6 类产品。通过对社群团购信息 874 条回帖的 87%发现，92%的对团购信息认同的成员对产品讨论之后提高了产品认同度，并参与了团购，79%认同团购信息的成员参与了信息的继续分享。

在商品属性与产品信息认同度的关系中，18 条关联中有 14 条显示出明确的因果关系，如编号 BJ002 的受访者所强调的："这里是妈妈们的论坛，这里的团购这么火，主要是因为我们的共同关注点是孩子，团购商品或服务只要是与孩子的生活、学习相关的，我都会关注，如果是其他方面的产品信息，我通常不会关注。比如化妆品，我会去更专业的化妆品网站团购。"

7.4.2 户外运动论坛驴友团购案例分析

本书对案例 2 的访谈资料和成员交流帖的内容进行一级编码，得到了一个包含 231 个条目的条目库，接下来对条目库中的 202 个条目进行分类编码，编码的依据即是本书所研究的与纽带认同社群相关的五个问题。最后从 231 个条目中剔除了 18 条，保留了 219 条有效的条目，分别涉及人际互动、兴趣相似性、个体信息公开、纽带认同、成员对群内分享的团购信息认同度、信息分享者组团的自我效能感和团购信息群内分享效率。最后对上述构念进行三级编码，以确定类属关系。

在纽带认同的影响因素中，人际互动与纽带认同的 35 条关联中有 30 条显示明确的因果关系，主要表现为在社群定期组织户外运动、旅游以及聚会，在活动中，成员通过人际互动建立了彼此强烈的纽带认同感。如编号为 TR004 的受访者所描述的：大家通过社群组织的活动彼此交流信息与情感，形成了以共同兴趣爱好为主题的稳定的朋友圈子，大家经常联系，定期聚会，这个圈子是我们生活中不可缺少的一部分。兴趣相似性与纽带认同的 23 条关联中有 21 条显示出明显的因果关系，主要表现为共同的兴趣让社群成员产生了共同的话题和活动主题，彼此间的纽带认同感增强。如编号为 TR007 的受访者所描述的："我热爱登山运动，但我生活中周围的人对此项运动不感兴趣，我以前一直对缺少登山的同伴而苦恼，偶然机会发现了户外运动论坛，我惊奇地发现这个世界上居然还有这么多与我的兴趣爱好相似的人。从那时起，我就把论坛当成我第二个家，几乎每天都要登录上去与志同道合的朋友们交流。"个体信息公开与纽带认同的 27 条关联中有 24 条显示出明显的因果关系，主要表现为个人信息的披露如个人旅游照片、个人背景资料、旅游经历和个人旅游偏好，帮助群体中的成员加深相互的了解，增强了彼此的纽带认同。另外，个体对社群公开自己的即时通信工具如 QQ、微信，可以使个体随时感知到群体中的在线成员的活动，有力地增强并保持了个体感知群体成员的同在感与亲密感。如编号为 TR012 的受访者所强调的：“网站要求我们是以真实信息注册的，同时为我们展现真实的自我提供了很多技术上的支持，让我们加深了对彼此的了解，虽然有的成员在现实生活中还没见过，但我们在网站上的交流已有五六年了，大家对彼此都非常熟悉，早已是老朋友了。”

纽带认同与团购信息认同的 45 条关联中有 41 条显示出明确的因果关系，主要表现为群体成员彼此间的纽带认同可以提高成员对群内分享团购信息的关注度、信任度与感知价值。如编号为 TR006 的受访者所描述的：“当我需要参加户外运动组团和购买户外旅游设备时，我很少在其他网站上搜寻，我只关注户外运动驴友论坛中驴友们提供的信息，因为大家太熟了，我知道他们的信息最可信。驴友们的信息比商业广告靠谱多了”。编号 TR011 的受访者强调：“我们经常在一起开展户外运动，共同的体验和磨合使我们对哪些户外装备最适合我们最有发言权，群内成员最了解彼此的需求，推荐的设备用起来非常得心应手。”编号为 TR001 的受访者谈到：“在户外运动领域，知我者论坛驴友们，他们提供的设备总能给我意外的惊喜，我高度关注他们每一天提供的团购信息。”以上典型代表内容分别支持了纽带认同对群内团购信息认同中的信息信任、信息感知价值和信息关注度三个维度。通过成员对团购信息回帖数据分析也印证了这个观点，在户外运动驴友团购的社群中，通过对 923 条对团购信息分享者发布的团购信息的回帖发现，97.5%的回帖表现出对群内团购信息的信任，90%的回帖表现出感知到群内团购信息价值，96%的回帖表现出对群内团购信息感兴趣并保持关注。

在信息认同与组团效能感的 21 条关联中有 19 条显示出明确的因果关系，社群中有活跃的信息分享者，在与他们的访谈中，发现他们对组团的自我效能感较强。98%的受访者认为，群体成员对其发布的信息的认同是他们坚信组团一定能够成功的关键要素，这会促使他们更加积极热情地向社群成员们提供更多的信息，分享更多的体验，更加耐心地回答其他成员的问题。如编号为 TRS013 的受访者谈到：“我的一位同学是生产户外运动背包的，我将社群中驴友们讨论的现在市场上的背包的缺点和改进设想汇总给他，他按照这些意见进行了修改，让我将改进品照片和功能放到论坛上征求大家的意见，没想到一夜之间积极的评价帖达 500 多条，我毫不犹豫地组织了团购，竟然在 3 个月之内卖了 5000 多个，既为社群成员搞到了实惠的团购价格，又让我这位同学的产品一下子打开销路，感觉真好。现在还有好多社群成员问我什么时候再开团呢。”

在信息认同与分享效率的 45 条关联中有 42 条显示出明确的因果关系，支持了对群内团购信息的认同提高了信息分享效率的两个维度：产品评价度提升参与团购以及补充完善信息继续传播。其中，92%的受访者认为，对产品评价度的提升源自对信息的认同，87%的受访者谈到对信息的认同后，都会继续完善补充信息并进一步分享给其他社群成员，以促成组团的成功。社群内团购信息回帖数据也支持了这个论证，我们选择了帐篷、防雨服、野外炊具背包、睡袋以及 GPS 定位系统 6 类产品，对团购信息的 874 条回帖分析发现，95%的对团购信息认同的成员对产品讨论之后提高了认同度，并参与了团购，80%的认同团购信息的成员参与了信息的继续分享。

在商品属性与产品信息认同度的关系中，26 条关联中有 24 条显示出明确的因果关系，如编号为 TR012 的受访者指出："团购商品和服务必须是户外运动与相关设备的，我很反感论坛内发布与我们社群不相关的产品信息，因为这与我们的圈子毫无关系，浪费了论坛的资源。"

7.5 研究结论

本章基于实证研究的理论模型，通过两个典型的身份认同和纽带认同社群案例选取对理论模型进行了验证，案例的研究结果支持了本书所提出的理论模型，从而提高了实证研究的结论的坚韧度与具体情境的契合性。

影响成员对社群身份认同的因素包括社会分类、相互依赖和群际比较，影响成员对社群纽带认同的因素包括人际互动、兴趣相似性和个体信息公开。成员对社群的身份认同度和纽带认同度对个体认同团购信息有正面影响，成员对团购信息的认同度对信息分享者组团自我效能感与群内团购信息分享效率都具有正面影响。商品属性与群体身份的匹配度调节了身份认同与团购信息认同的关系，商品属性与群体兴趣的匹配度调节了纽带认同与团购信息认同的关系。

7.6 小结

本章依照全循环研究方法的思路，在实证研究的基础上采用了案例研究对本书提出的理论框架进行验证，以检验理论与现实情境的契合性和有效性，从而提高本书研究结论的理论坚韧度。本书选取了具有代表性的身份认同社群——新浪亲子论坛北京团购网站和纽带认同社群——户外运动论坛驴友团购网站进行案例研究，在数据收集方面采用了一对一的深度访谈、收集网站交流帖的多重证据三角验证，从而保证了研究构念的效度。在研究方法方面采用了内容分析法和扎根理论的三级编码方法，采用 Cohen's Kappa 系数进行编码一致性检验，借助定性分析软件 ATLAS.ti 的关系查询功能，根据已有的编码条目探求各编码变量之间的相关关系和内容上的因果关系。分析的研究结果表明，案例的研究结果支持了本书所提出的理论模型，具体为：影响成员对社群身份认同的因素包括社会分类、相互依赖和群际比较，影响成员对社群纽带认同的因素包括人际互动、兴趣相似性和个体信息公开。成员对社群的身份认同度和纽带认同度对个体认同团购信息有正面影响，成员对团购信息的认同度对信息分享者组团自我效能感、群内团购信息分享效率都有正面影响。商品属性与群体身份的匹配度调节了身份认同与团购信息认同的关系，商品属性与群体兴趣的匹配度调节了纽带认同与团购信息认同的关系。

8 网络团购社群信息传播机制研究

网络社群团购机制成为优势策略的条件之一是“产品价值评价度高的消费者向产品知识度低的潜在消费者传递的团购信息要具备较高的信息影响效率”，为了满足这一必要条件，我们在前几章的研究中，从社群成员认同机制的视角考察了身份认同与纽带认同对团购信息影响效率的影响，但考虑到网络团购社群在结构和属性上与单纯的社交网络不同，网络团购社群具有社交性与商务性的双模结构特性，存在着社会性影响和同质性影响两种信息扩散机制。社会性影响机制是基于消费者之间人际关系的强弱，而同质性影响机制是基于消费者之间从历史活动中体现出的行为相似性。因此，两种信息扩散机制在初期的扩散速度和最终的扩散范围上存在显著差异，因此本章重点从网络团购社群的网络结构和属性视角来研究网络团购社群的信息传播机制。

8.1 网络团购社群传播机制的理论基础

信息传播机制主要研究以下四方面的内容：传播的内容（Berger and Milkman，2012）；消费者的关系结构（Bampo et al.，2008）；消费者行为特征和传播动机（Hinz et al.，2011）；信息传播初始点选择（Haenlein and Libai，2013）。在传播信息相同的情况下，社群成员关系结构、社群成员的网络位置以及初始点选择通过以下四个方面影响信息扩散的效率和效果：①该成员接收到信息的概率；②该成员的传播参与概率；③该成员的影响范围；④其他成员的行为受该成员影响的概率。

上述研究的网络数据主要来自成员间的社交关系，与本书的网络团购社群背景存在较大差异：

（1）网络团购社群与传统的社交网络有着本质的不同，其中有很大比例的网络团购社群成员之间的相互关系是陌生的，其关系的建立并不像传统的社交网络关系（亲人、同学、朋友）那样稳定，他们之间的关系是建立在共同的兴趣、爱好、产品偏好以及商品交易关系的基础上。成员的行为改变仅是因为他们共同参与了一个话题讨论或社群活动而相互影响（同质性影响机制）。

（2）根据社交网络强关系改变行为的理论，处于网络的中心人物之所以对产品信息传播具有显著的影响作用，根本原因在于中心人物在网络中具有丰富的链接资源。但网络团购社群属于交易型社群，链接数量的多少其实并不能反映关系的强弱，同时，弱关系在网络团购社群中影响其他成员的行为概率也不一定低。改变网络团购社群成员行为的并不是关系的强弱，而是兴趣和偏好的同质性。例如，Goel 和 Goldstein (2013) 的研究发现，交易型社群中消费者的购买行为并非受到来自他们的人际网络的影响，而仅是因为他们具有相似的行为性，即同质性。因此，以往的研究单纯通过测量人际关系来研究传播机制，会和同质性变量混淆，可能过高估计了社会影响和人际传播的作用。

8.2 网络团购社群的网络关系结构和扩散机制

在社会化商务背景下发展起来的网络团购社群在结构和属性方面与以往研究所涉及的社交网络不同（Buart，2009）。主要表现在：①结构方面：网络团购社群是包含了人际关系网络和二模关系网络的双模网络（Goldenburg et al.，2012），如图 8-1 所示；②内在属性：网络团购社群在成员关系、社群网络结构和演化动力方面具有社交型和交易型社群的双重属性，如表 8-1 所示。

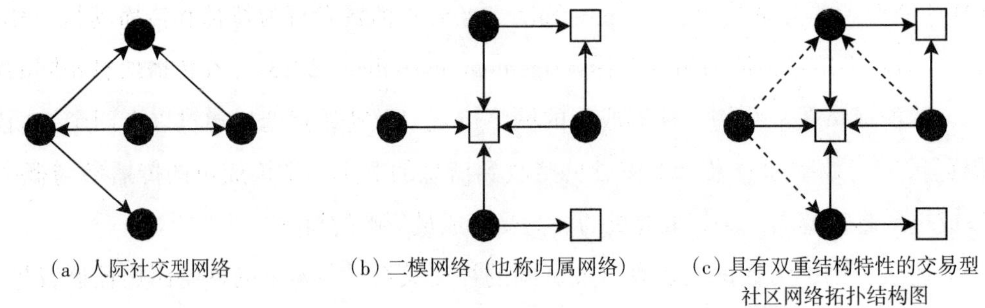

（a）人际社交型网络　（b）二模网络（也称归属网络）　（c）具有双重结构特性的交易型社区网络拓扑结构图

图 8-1 从拓扑结构看网络团购社群与以往研究中社会网络不同

注：圆形表示社群成员；（b）与（c）中的矩形表示社群活动，共享商品信息，共同的兴趣爱好等；（c）中的实线和虚线箭头分别表示两种网络结构中的链接关系。

表 8-1 交易型与社交型社群内在属性不同

区分维度	社交型社群	交易型社群
成员角色	朋友、亲人、同学	商人、买家、卖家
成员需求	以情感交流为主	以商业信息交流为主
关系来源	固有的社会关系+新建社交关系	既有的交易关系+潜在的交易关系（商品信息、兴趣爱好）
社群网络结构	直接的人际交往为主的社会资本	以功能、信息为纽带的间接关系双模网络
社群演化动力	规范性影响社会性驱动机制	信息性影响同质性驱动机制

网络团购社群成员部分间存在相互陌生的现实，如新浪亲子论坛团购中的关注和粉丝之间有部分是不认识的。信息的传播更多地依赖于它们本身具有某些共同的特性，即同质性（Assortativity）（Haenlein and Libai，2013）。Easley 和 Kleinberg（2010）指出，社会性影响机制基于消费者之间的社会关系的强弱，而同质性机制是基于消费者之间从历史活动中体现出的行为相似性。因此，两种信息扩散机制初期的扩散速度和最终的扩散范围存在显著差异。以往关于产品信息传播扩散的模型主要是基于传统的社交网络结构数据（如微信、QQ），而本书将考虑网络团购社群的双模结构特性，将社群成员在社群活动中所表现出来的同质性因素纳入扩散模型，通过 ABMS 仿真的过程来研究社会影响、同质性和网络拓扑结构对产品信息扩散的范围和社群成员被感染速度的影响。

8.3 研究模型构建

如图 8-2 所示，本书分别构建基于三种不同机制的信息扩散模型进行仿真实验：①基于社会影响机制的社交网络扩散模型。Libai（2013）运用元胞自动机的形式构建了基于个体层面的扩散机制，其本质与经典的 Bass 模型一致，同样遵循人际间影响的假设，模型的基本形式如公式（8-1）所示。②基于同质性机制的二模网络扩散模型。本书认为，在具有交易性质的社群中，成员间的陌生关系使人际间影响的假设很难满足，产品信息的扩散主要遵循同质性机制，模型的基本形式如公式（8-2）所示。③考虑到网络团购社群可能存在社会影响和同质性影响相交互的情形，构建双模网络下的扩散模型，模型的基本形式如公式（8-3）所示。

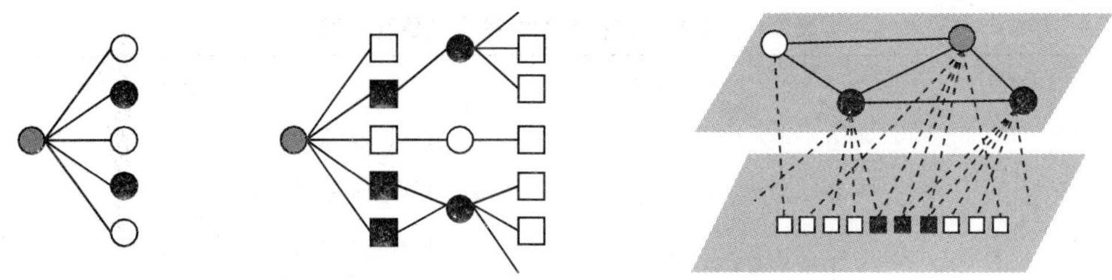

图 8-2 基于社会影响、同质性及其交互作用机制的网络扩散模型

注：灰色圆形表示我们关注的目标用户；黑色圆形表示目标用户周围已受影响的用户；黑色矩形表示目标用户与周围已受影响的用户共同参与的活动。

$$p_{i,1}(t) = 1 - (1 - \delta)\prod_{1}^{M_i(t)}(1 - q_1)$$ 公式（8-1）

$$p_{i,2}(t) = 1 - (1 - \delta)\prod_{1}^{N_i(t)}(1 - q_2)$$ 公式（8-2）

$$p_{i,3}(t) = 1 - (1 - \delta)\prod_{1}^{V_i(t)}[1 - (q_1 + q_2 - q_1 \cdot q_2)]$$ 公式（8-3）

假设网络社群中的所有成员都是潜在消费者或信息传播者，因此所有网络中的节点都存在两种状态："0"表示未受到信息影响状态，"1"表示受到信息影响状态。根据新产品扩散模型（Bass，2004），潜在消费者的状态由"0"转变为"1"主要受到两方面因素影响：①外部影响（δ），是指潜在消费者受大众传媒影响而参与团购；②内部影响（q），是指潜在消费者在受到社群内产品信息度高的消费者的信息影响而参与团购的概率。考虑到社群成员受到周围用户影响的异质性，假设内部影响的因素 q 服从正态分布。其中，$p_i(t)$ 表示目标成员 i 在 t 时刻改变状态（即由于受到信息影响，产品价值评价度提高）的概率；δ 表示 i 受到广告宣传影响改变状态的概率；q 表示 i 受到成员之间影响改变状态的概率，将 q_1 定义为来自社会影响的动力，q_2 定义为来自同质性影响的动力；$N_i(t)$ 表示 t 时刻目标成员 i 与网络中状态为 1 的成员共同参与的活动数；$V_i(t)$ 是 $M_i(t)$ 与 $N_i(t)$ 的并集，表示 t 时刻目标成员 i 的个人中心网络中状态为 1 的成员数或与整个网络中状态为 1 的成员共同参与的活动数。

本书分析了网络团购社群的双模网络特性，即社群中的成员之间除了有直接的人际关系网络外，还会以社群团购活动作为载体的二模网络，因此，在研究网络团购社群信息影响效率时，必须同时考虑社会性和同质性传播机制。本书拟在双模网络的拓扑结构基础上，根据社群用户在活动中体现的同质性来选择初始节点，利用上述构建的三种不同机制的信息扩散模型来分别模拟用户在社会影响、同质性影响以及两种影响交互机制下的行为模式，最后在抓取新浪论坛亲子团购数据的基础上构建与原始数据有同样规模节点数和关系数的虚拟网络，这些虚拟网络包括小世界网络、偏好连接网络和随机网络，通过仿真实验和实证研究来对比社会性传播机制和同质性传播机制在网络社群团购中对信息影响效率的分别作用和同时作用的显著性差异，以考察不同传播机制对团购信息的扩散效率和扩散范围的影响。

8.4 数据收集

本书选取了新浪论坛亲子论坛 2 个团购社群的用户关系数据，选取的原因包括：①这两个社群中的关注和粉丝系统使社群成员可以建立彼此的关系成为好友，团购交易系统使得社群成员了解和传播网络团购商品的各种信息。因此，这两个交易社群满足了社交性与商务性的双模结构特性。②这两个社群成员规模适中，并且社群活跃度排名靠前，既满足了研究的样本量需要，又避免了用户量过多而导致关系矩阵计算的时间和空间复杂度的问题。

我们基于 NetBean 的 Java 开发平台，利用核心工具 Selenium 作为网页驱动器抓取新浪论坛亲子团购社群的用户关系数据，储存在 SQL Server 数据库中用于下一步研究。表 8-2 是基于 NetBean 平台爬虫程序抓取的用户数据信息。

表 8-2 基于 NetBean 平台爬虫程序抓取的用户数据信息

数据名称及类型		数据含义	数据格式
社群成员个人中心网络信息	成员 ID	社群每一位成员持有的唯一身份	文本型
	成员粉丝	关注该成员的全部用户 ID	文本型
	成员关注	该成员所关注的全部用户 ID	文本型
社群成员个人特质信息	入群时间	每一位成员加入社群的时间	日期型
	关注/粉丝时间	社群成员建立朋友关系的时间	日期型
	用户个人主页	进入每位成员个人空间的链接地址	链接地址
	用户积分	用来衡量成员在社群中的经历和地位	数值型
	浏览量	该成员个人主页被浏览的次数	数值型
社群成员参与社群活动信息	帖子 ID	虚拟社群中帖子的唯一地址	链接地址
	发帖者 ID	每一个帖子发起者的 ID	文本型

续表

数据名称及类型		数据含义	数据格式
社群成员参与社群活动信息	回复者 ID	每一个帖子回复者的 ID	文本型
	发帖时间	社群中每一个帖子出现的时间	日期型
	回复时间	每一个帖子被其他成员回复的时间	日期型

8.5 数据分析

基于 Hu（2012）图布局算法，我们将截至 2017 年 6 月 8 日新浪论坛亲子论坛两个团购社群所抓取的数据进行分析，勾勒出了两个网络团购社群的成员间人际关系拓扑结构以及成员和社群活动关系拓扑结构，如图 8-3 所示。由于本书的网络数据包含了两层网络结构，因此在描述成员和社群活动组成的双模网络中，我们用灰色表示网

新浪论坛亲子团购社群 1 成员间人际关系拓扑结构

新浪论坛亲子团购社群 1 成员与社群活动关系拓扑结构

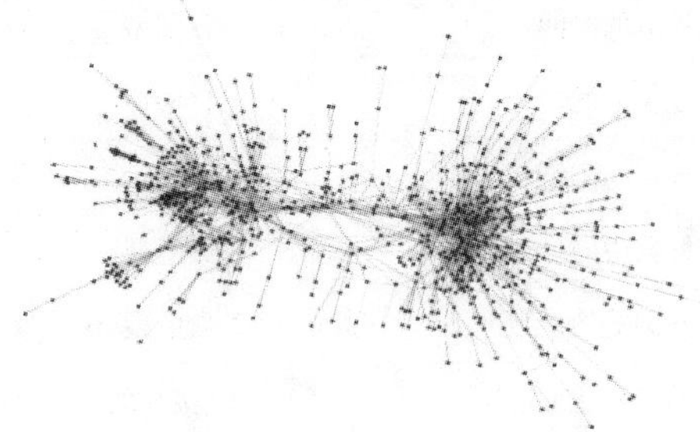

新浪论坛亲子团购社群 2 成员间人际关系拓扑结构

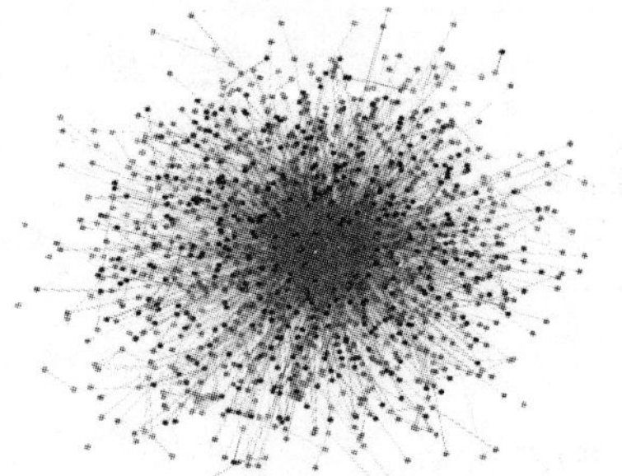

新浪论坛亲子团购社群 2 成员与社群活动关系拓扑结构

图 8-3 基于 Hu（2012）图布局算法的交易型社群拓扑结构

注：图中灰色节点表示社群中的成员；黑色节点表示社群成员参与的互动。

络团购社群成员，用黑色的节点来表示网络团购社群成员参与的活动，图 8–3 中外围的一些节点是具有稀疏社群关系的节点，图 8–3 的中心地带是与社群成员具有紧密关系的用户。

图 8–3 以网络拓扑图的形式表现了网络团购社群的整体结构，表 8–3 统计了这些社群的基本网络特性指标，其中包括：对网络节点和边的描述，如成员数、活动数、人际关系数、活动参与数等；对网络整体结构的描述，如网络直径、平均路径长度、平均聚类系数和一模网络密度、二模网络密度等。

表 8–3　基于 NetBean 平台爬虫程序抓取的网络团购社群网络特性

网络特性	网络团购社群 1	网络团购社群 2	指标含义
成员数	1657	1542	社群成员总数
活动数	891	739	社群活动总数
人际关系数	3630	2782	社群成员相互关注的数量
活动参与数	82546	62334	社群成员参与活动的数量
成员平均度	2.19	1.80	社群成员平均关注和被关注的数量
活动平均度	92.64	84.35	社群成员的平均参与量
网络直径	16	13	社群成员间的最远距离
平均路径长度	5.357	4.332	社群成员间的平均距离
平均聚类系数	0.589	0.621	与某社群成员相连接的成员之间相互连接的程度
一模网络密度	0.002	0.002	人际网络中已发生关系占全部可能关系的比例
二模网络密度	0.056	0.055	社群的活动参与率

8.6　仿真实验

8.6.1　社会影响、同质性影响信息扩散机制的差异性研究

实验一的主要目标是探讨网络团购社群中社会影响、同质性影响信息扩散机制的差异性。社会影响和同质性影响分别在两个网络中发挥作用，社会影响主要作用于社群中的人际关系网络，而同质性影响主要作用于通过社群活动和互动建立起来的二模网络。为了使实验结果具有可比性，我们在仿真实验的过程中保持了两重网络之间具

有同样的网络密度和拓扑结构，即网络密度均为 0.002，网络拓扑结构均为随机网络。同时，假设网络团购社群中的成员受到社会影响和同质性影响而改变行为的概率相同，令模型 1 和模型 2 中 $q_1 = q_2$，实验一的仿真结果如图 8-4 所示。

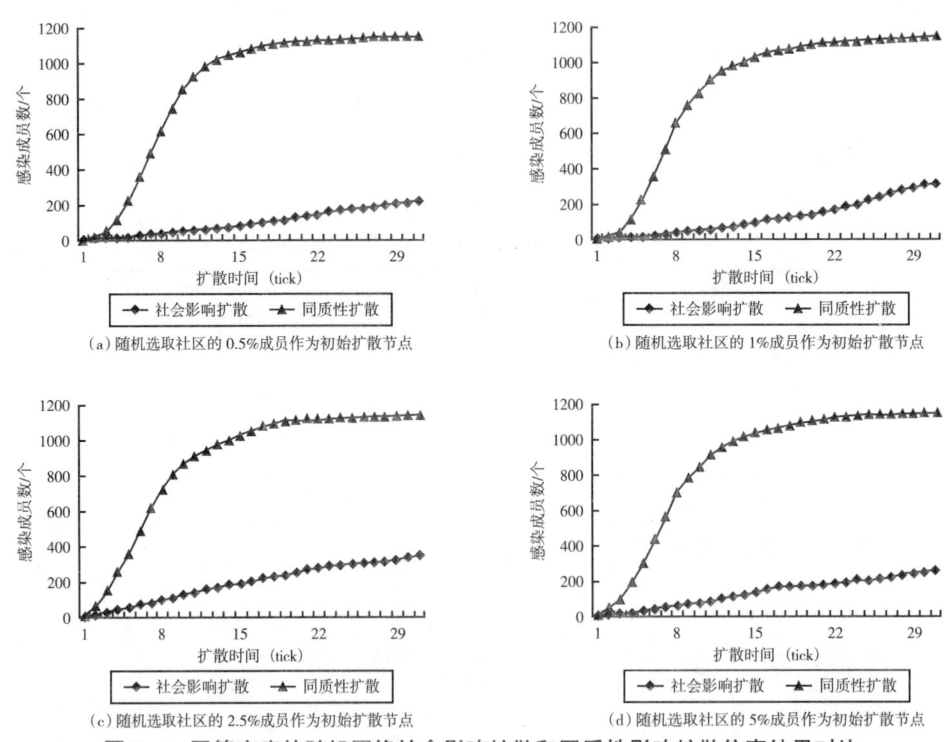

图 8-4 同等密度的随机网络社会影响扩散和同质性影响扩散仿真结果对比

按照表 8-3 基于 NetBean 平台爬虫程序抓取的新浪论坛亲子论坛网络团购社群 1 的网络数据特征，仿真了与该社群具有同等密度的随机网络，在该网络所包含的双重结构中，社群成员与成员间的人际关系按照随机概率产生，成员与社群活动之间的关系也同样按照随机概率产生，每一层网络的密度均为 0.002，与实际数据中社群成员与成员间的人际关系密度相一致。最终仿真的团购社群网络包含了 1657 名社群成员，891 项社群活动，3630 条社群成员相互关注或粉丝记录以及 82546 条社群成员参与社群活动记录。在假设网络团购社群成员受到社会影响改变行为和受到同质性影响改变行为的概率相等的条件下，图 8-4 分别呈现了在随机选取信息传播初始成员占社群成员 0.5%、1%、2.5%和 5%的情况下，社会影响传播机制和同质性影响传播机制对信息传播绩效的影响。根据图 8-4 所示，我们可以得出以下结论：

（1）结论 1 及分析。无论是基于社会影响的扩散还是基于同质性影响的扩散，最终感染社群成员的数量在 30 个系统时基之后均接近 1200，并无较大差异。因此可以证明，初始节点规模的大小对不同扩散机制的最终效果不会产生显著影响。这个结果的出现主要是由于网络同类混合性质的特点，使较大规模的初始节点有大量数量节点的影响范围是重合的，因此选择规模越大的初始节点并不一定会导致更大的成员感染数量。

（2）结论 2 及分析。基于社会影响的扩散与基于同质性的扩散差异显著。在网络关系密度和扩散概率皆相同的前提条件下，同质性机制下的扩散更为敏感和迅速，在扩散初期就表现出较快的扩散速度；而社会影响机制下的扩散则更接近线性增长。

由于本实验网络中的关系是按照随机概率仿真出来的，社群每一位成员的人际关系数和成员参与社群活动数是服从随机正态分布的，因此使每一时刻成员通过社会影响机制所影响感染的好友数量相应也是稳定的，最终扩散效果也必然服从线性增长。

而在同质性扩散机制的影响下，在每一个时刻，受到影响的社群成员可以通过其参与的社群活动来间接地影响到社群其他成员，这样就导致在同样的网络密度条件下，社群成员通过同质性扩散机制所影响到的成员数量要远远大于在社会影响机制下所影响到的成员数量。

8.6.2 网络拓扑结构对社会影响与同质性扩散机制的影响

由于真实社群中的网络拓扑结构并不像实验一所呈现的那样服从网络随机模型，而更多的是服从幂律分布，社群网络中一小部分节点占有大部分数量的边的无标度特性（Scale-free）。考虑到这个情况，我们将在实验二中保持两重网络中节点的度分布特性不变的条件下，通过随机抽样的方法仿真出具有相同的网络密度同时又与真实网络具有相同拓扑结构的两重网络，从而可以进一步探讨网络拓扑结构对基于社会影响的扩散与基于同质性的扩散机制的影响。除了基础网络与实验一不同以外，实验二中其他实验程序保持不变。实验二的结果如图 8-5 所示，我们可以得出以下结论：

（1）结论 3 及分析。通过图 8-5 我们可以发现：改变了网络的拓扑结构使其具有了真实网络的度分布特性之后，基于同质性的扩散依然保持了其在随机网络中的敏感性和迅速性，在扩散初期就表现出较快的扩散速度；而基于社会影响的扩散与其在实验一中的随机网络中表现出的接近线性增长相比，则出现了很大的变化，扩散速度得到了显著的提高。

由于在实验二中的人际关系网络拓扑结构仿真了真实网络结构，因此同样无标度性，这就使网络中具有较高连接度的社群成员，也就是所谓的“中心人物”（Hubs），

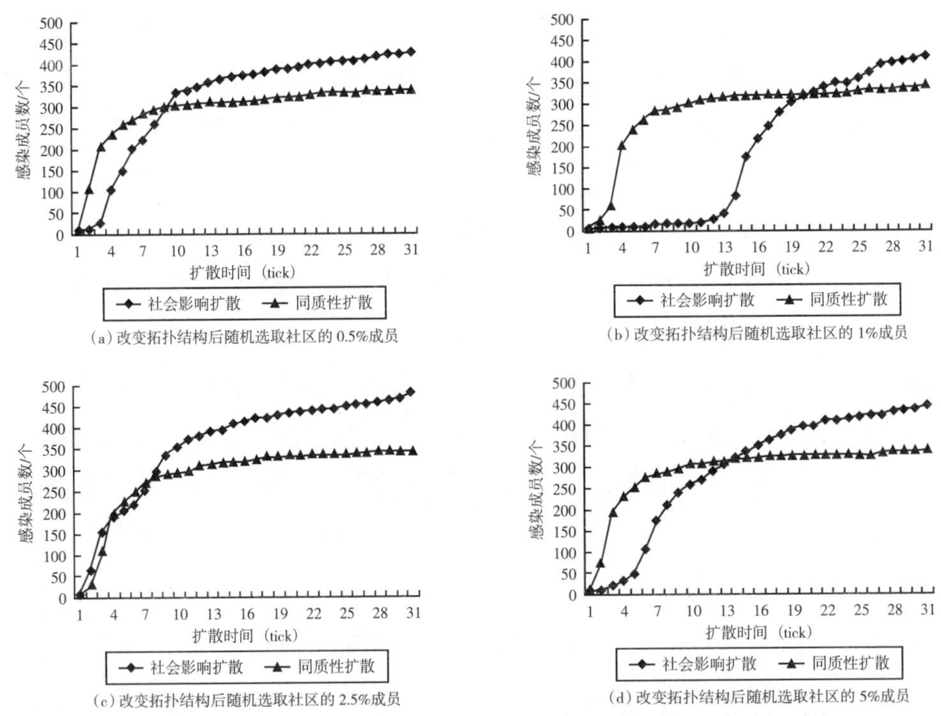

(a) 改变拓扑结构后随机选取社区的 0.5%成员

(b) 改变拓扑结构后随机选取社区的 1%成员

(c) 改变拓扑结构后随机选取社区的 2.5%成员

(d) 改变拓扑结构后随机选取社区的 5%成员

图 8-5 改变网络拓扑结构后社会影响扩散和同质性扩散仿真结果对比

起到了加速扩散的作用。

（2）结论 4 及分析。通过图 8-5 我们还可以发现：基于同质性的扩散在初期扩散速度非常快，但其最终的扩散范围稳定在 350 名社群成员这个数量范围之内；相比之下，基于社会影响的扩散却能在扩散后期阶段将扩散范围发展到接近 450 名社群成员。因此，我们可以得出结论：基于同质性的扩散虽然在初期扩散速度显著提升，但最终的扩散范围却没有基于社会影响的扩散机制扩散范围广。

之所以出现基于同质性的扩散没有基于社会影响的扩散机制扩散范围广的结果，可能是由于基于同质性的扩散必须以共同的社群活动为载体，社群成员只有在参与了相关的社群活动之后，才有被感染的可能；而基于社会影响的扩散主要来自社群成员人际之间的直接传播，即使没有共同参与的社群活动，社群成员也可以直接通过人际关系进行传播，因此其最终的扩散范围不受各种社群活动的限制，从而能够达到更大的传播范围。

8.6.3 信息传播初始节点的选择对扩散效果的影响研究

实验三的主要研究目标为：网络团购社群中信息传播初始节点的选择对扩散效果的影响。以往大量相关文献的研究表明：在一个主要由社会影响机制驱动的社交网络体系中，以该网络中的中心人物作为信息扩散的初始节点会产生最有效率的传播结果。而由于网络团购社群属于交易型社群，具有双模网络的特点，对于扩散节点的选择就不能单纯考虑社群成员的社交网络，中心人物的选择要同时考虑该成员在人际关系网络的中心性和在社群网络活动中的中心性。因此，实验三的研究目标重点在于考察在人际关系网络和社群活动网络中都占据中心位置的社群成员对扩散结果的影响和提升作用。

为了达到上述目标，实验三先计算网络社群成员在社交网络中人际关系（好友数）的数量、其在社群网络活动中参与社群活动数量，以及两个网络度中心的和，选取得分在前 1%的节点作为扩散的初始节点；在网络社群成员中随机选取 1%的成员作为扩散效果对比的基础。同时，我们假设同质性扩散机制和社会影响扩散机制在整个传播过程中同时发挥作用，暂时不考虑两种传播机制在整个传播过程中的权重问题。实验三的仿真结果如图 8-6 所示。

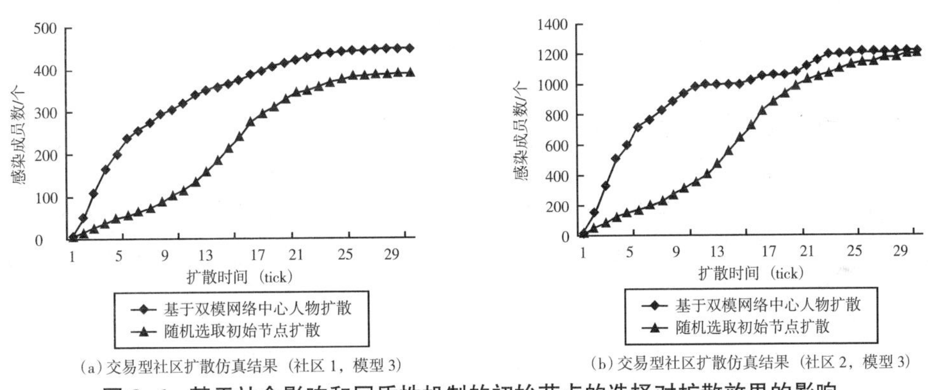

(a) 交易型社区扩散仿真结果（社区 1，模型 3）　(b) 交易型社区扩散仿真结果（社区 2，模型 3）

图 8-6　基于社会影响和同质性机制的初始节点的选择对扩散效果的影响

结论 5 及分析。从图 8-6 的显示结果我们可以得知，选取网络团购社群处于双模网络中心的节点确实可以促使一批社群成员在短时间内更快地受到感染，在人际关系网络和社群活动网络都占据中心位置的社群成员对扩散结果的影响效率具有显著的提升作用。但是，我们同时也注意到了，随着扩散时间的继续延长，这种加速的效果逐渐趋于缓和，最终达到了选取中心人物扩散绩效的饱和效应。

处于人际关系网络和社群活动网络中心的节点成员，一般都具有丰富的链接资源与较高的被关注度，这些优势随着扩散时间的增加会逐渐发挥出巨大的传播效应，传播影响效率要高于其他节点。值得注意的是，当大部分连接该节点的成员都受到感染的时候，这种基于中心人物扩散的饱和效应就会显现出来。

8.7 实证检验

上一部分的三个实验通过基于元胞自动机的 ABMS 仿真实验研究了同质性机制和社会影响机制在网络团购社群传播扩散中作用的差异性，并进一步在不同的网络拓扑结构中考察了这些差异性的变化情况。接下来，我们要考虑的一个重要问题是：现实中网络团购社群中的信息或产品扩散主要是同质性机制驱动还是社会影响机制驱动？同质性和社会影响两种不同的机制在分别起作用和同时起作用时，网络团购社群中的信息或产品在消费者之间扩散的概率会有怎样的差异？为了回答上述重要问题，本部分将根据基于 NetBean 平台爬虫程序抓取的新浪论坛亲子论坛两个网络团购社群的数据，实证对比同质性和社会影响两种不同的机制在网络团购社群中对信息或产品在消费者之间扩散分别作用和同时作用下的显著性差异。

8.7.1 实证研究方法与过程

本书借鉴 Kleinbaum 和 Klein（2005）以及 Kaplan 和 Meier（1958）的研究成果，采用生存分析模型（Survive Function）对 NetBean 平台爬虫程序抓取的新浪亲子论坛两个网络团购社群的数据进行实证研究。

第一，我们观察网络团购社群中的某一项活动（比如成员发帖等）在整个社群中的扩散情况（比如发帖者收到社群其他成员回帖等参与行为），如果网络团购社群活动扩散主要来自社会影响，那么社群成员参与活动的时候，其社群好友应该已经参加了该活动；而如果网络团购社群活动扩散主要来自同质性影响，那么社群成员参与该活动的时候应该与其他参与该活动的成员在历史上共同参与过其他社群活动。

第二，基于以上的分析，我们构建三组分类变量：

第一组分类变量：网络团购社群成员参与社群活动时，是否与已经参与该活动的成员存在社会影响。

第二组分类变量：网络团购社群成员参与社群活动时，是否与已经参与该活动的成员存在着同质性影响。

第三组分类变量：网络团购社群成员参与社群活动时，是否与已经参与该活动的成员存在着同质性影响和社会性影响。

第三，我们检验这三组分类变量是否对网络团购社群成员参与社群活动具有显著影响。

8.7.2 实证检验结论与分析

实证检验的结果如图 8–7 所示。

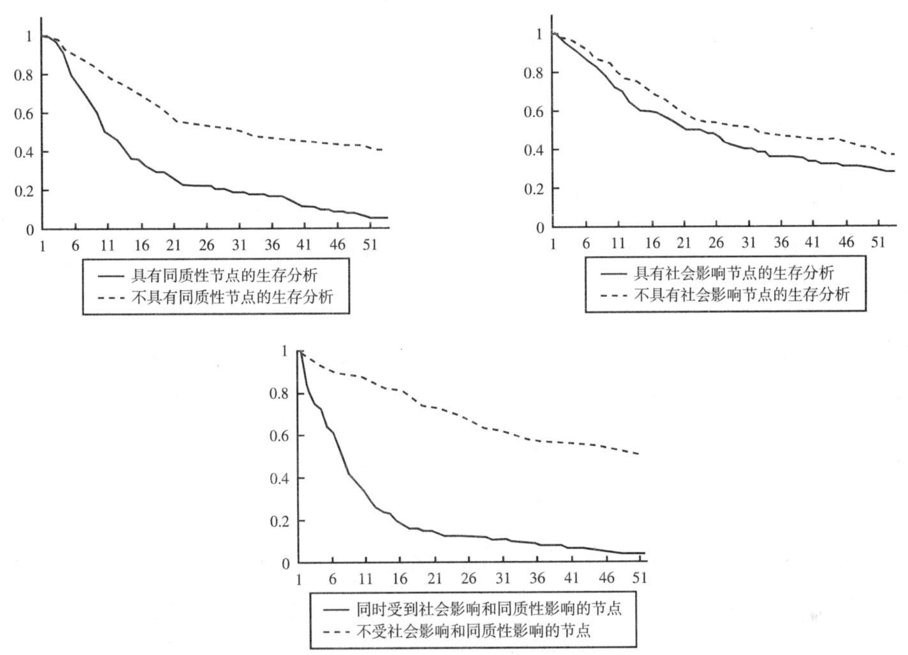

图 8–7 同质性、社会影响机制对网络团购社群信息扩散的生存曲线分析

从图 8–7 的生存曲线结果我们可以发现，具有同质性影响的一类节点比不具有同质性影响的节点更容易受到社群信息的感染；而这种差异在社会性影响中却较小，社群成员的好友受到社群信息的感染并不能显著提升该成员也受到感染的风险率；当社群中的成员同时受到社会性影响和同质性作用，即两种机制交互作用时，他们受到信息扩散的概率是最大的。如图 8–7 中最陡峭的生存曲线所示，该社群中同时受到社会性影响和同质性作用的成员能够在更短的时间内达到更大的风险率，社群成员更快而且更容易受到信息传播的影响。这个结论在实际案例中也得到了验证：当网络团购社群中的一名成员发现，在朋友圈中有一些朋友与自己还在更多的社群活动中共同参与过讨论，那么相对于其他朋友，这些与自己具有更多同质性的朋友往往对自己有更大的影响力。

通过分析来自新浪论坛亲子论坛几个网络团购社群信息扩散的生存模型，我们发现，相对于社会影响机制同质性影响机制在网络团购社群的信息扩散中起着更为显著的作用；在两种机制的共同作用下，网络团购成员受到信息影响的概率是最高的。以上结论对于在网络团购社群这个特殊的情境下运用社会性影响和同质性影响机制具有十分重要的指导意义。

8.8 小结

网络团购社群属于交易型网络社群，与以往许多研究中的传统的社交网络相比，在结构上和内在属性上存在较大差异。因此，研究网络团购社群中的产品信息扩散传播策略，要同时考虑基于社群活动的同质性机制和基于人际传播的社会影响机制。本章分析了网络团购社群的双模网络特性，即社群中的成员之间除了有直接的人际关系网络外，还有以社群团购活动作为载体的二模网络。我们在双模网络的拓扑结构基础上，根据社群用户在活动中体现的同质性来选择初始节点，构建了三种不同机制的信息扩散模型来分别模拟用户在社会影响、同质性影响以及两种影响交互机制下的行为模式，并基于 NetBean 平台爬虫程序抓取的网络团购社群的数据，使用生存分析模型和 ABMS 仿真实验的方法，对比研究了社会性影响机制和同质性影响机制在网络团购社群中对信息影响效率分别作用和同时作用的显著性差异，以及在这两种机制下初始节点的选择对扩散效果的影响，对提高网络团购社群产品信息传播效率具有重要的理论意义和现实指导意义。实验结论具体如下。

（1）在控制了网络关系密度的基准网络下，（随机网络）基于社会影响的扩散与基于同质性的扩散差异显著。基于同质性机制的扩散更为敏感和迅速，在扩散初期就表现出较快的扩散速度；而社会影响机制下的扩散则更接近线性增长。

（2）在网络关系密度和扩散概率皆相同的前提条件下，改变仿真网络的拓扑结构使其符合真实网络的特性（随机抽取真实网络中的关系），基于社会影响的扩散与基于同质性的扩散差异依然显著。虽然基于同质性的扩散在初期扩散速度显著提升，但由于受到社群活动数量的限制，其最终的扩散范围却没有基于社会影响的扩散机制扩散范围广。之所以出现基于同质性的扩散没有基于社会影响的扩散机制扩散范围广的结果，主要是由于基于同质性的扩散必须以共同的社群活动为载体，社群成员只有参与了相关的社群活动之后，才有被感染的可能；而基于社会影响的扩散主要来自社群成员人际之间的直接传播，即使没有共同参与的社群活动，社群成员也可以直接通过彼此间的人际关系进行传播，因此其最终的扩散范围不受各种社群活动的限制，从而能够达到更大的传播范围。

（3）在考察初始节点的选择对扩散结果的影响和提升作用的研究中，考虑到网络团购社群属于交易型社群，具有双模网络的特点，对于扩散节点的选择就不能单纯考虑社群成员的社交网络，因此在选择中心人物时，计算了成员在人际关系网络的中心性和在社群网络活动中的中心性。实验结果表明，相对于随机选取的节点，选取网络团购社群处于双模网络中心的节点确实可以促使一批社群成员在短时间内更快地受到感染，在人际关系网络和社群活动网络中都占据中心位置的社群成员会显著提升网络团购社群中传播扩散的速度。同时，随着扩散时间的继续延长，这种加速的效果逐渐趋于缓和，最终达到了选取中心人物扩散绩效的饱和效应。

（4）为了考察同质性和社会影响两种不同的机制在网络团购社群中对信息或产品在消费者之间扩散分别作用和同时作用，本书对基于 NetBean 平台爬虫程序抓取的新浪论坛亲子论坛两个网络团购社群的数据进行了实证分析。从 Kaplan 和 Meier 生存曲线我们发现：具有同质性影响的一类节点比不具有同质性影响的节点更容易受到社群信息的感染；而这种差异社会性影响方面较小，社群成员的好友受到社群信息的感染并不能显著提升该成员也受到感染的风险率。这也进一步证明了两种扩展机制本质性的差异。同时，也证明了同质性影响机制相对于社会影响机制在网络团购社群的信息扩散中起着主导作用。最后，通过最陡峭的生存曲线我们发现，当社群中的成员同时受到社会性影响和同质性影响，即两种机制交互作用时，他们受到信息扩散的概率是最大的。

9 研究结论与理论应用

目前，国外对网络团购的研究主要集中在团购的价格折扣、定价机制等方面，国内外大部分有关网络团购的研究主要集中在网络团购产生的原因与发展模式等理论整理与归纳，很少有研究涉及网络团购的机制设计原理、网络团购效益最大化从而成为优势策略的必要条件以及网络团购如何利用网络社群资源发挥优势的影响因素。首先，本书立足于经济学相关理论，以网络团购机制设计原理为出发点，阐述了网络团购机制设计的本质和机理，在此基础上，通过数学建模推导出社群信息分享模式下决定网络团购效益最大化从而成为优势策略的必要条件，为进一步深化对网络团购经营模式的本质理解提供了新的理论视角，这将从根本上改变我们对网络团购这种独特的商业模式的认知与理解。其次，通过对决定网络团购效益最大化从而使网络团购策略成为优势策略的必要条件与网络社群关系的研究，并结合社会心理学研究领域中的身份认同和纽带认同理论，构建并通过实证研究验证了网络社群视角下团购信息分享者的组团自我效能感以及网络团购信息社群内分享效率的影响模型，使以前单纯从网络口碑影响信息分享效率的视角转向了社群认同机理下团购分享者自我效能感以及团购信息群内分享效率的研究，从而深化了消费者间信息分享效率的理论研究，为信息传播理论研究提供了有益的补充。本书基于实证研究的基础，对身份认同和纽带认同两个代表性的网络团购社群进行了案例研究，以检验本书的实证研究结论与现实情境的契合性和有效性，从而提高本书结论的理论坚韧度。最后，网络团购社群的结构和属性与单纯的社交网络不同，网络团购社群具有社交性与与商务性的双模结构特性，存在社会性影响和同质性影响两种信息扩散机制。社会性影响机制是基于消费者之间的人际关系的强弱，而同质性机制是基于消费者历史活动体现出的行为相似性。因此，两种信息扩散机制在初期的扩散速度和最终的扩散范围存在显著差异。本部分研究基于NetBean平台爬虫程序抓取的网络团购社群的数据，使用生存分析模型和ABMS仿真实验的方法，考察了基于社群活动的同质性机制和基于人际传播的社会影响机制对网络团购社群产品信息扩散传播绩效的影响，以及在这两种机制下初始节点的选择对扩散效果的影响，对提高网络团购社群产品信息传播效率具有重要的理论意义和现实指导意义。

本章对第 3 章至第 8 章的研究结论进行了归纳和总结，并指出本书结论对于网络团购研究领域的理论贡献。通过本书的研究结论，本书全面归纳了基于网络社群情境下网络团购如何充分发挥机制设计优势的影响因素，为网络团购相关从业者提出有价值的经营建议和营销实践指导。

9.1 研究结论

网络团购作为新兴的商业模式引起了学术界和实业界的广泛关注，但是目前学术界很少涉及网络团购机制设计的原理以及网络团购如何基于网络社群资源实现效益最大化从而成为优势策略的研究。与此同时，实业界在实际运用网络团购策略时，由于缺乏理论指导，对网络团购的理解局限于低价策略，并没有抓住网络团购“团”的机制设计的本质，从而未能充分发挥网络团购的优势，造成了目前国内网络团购的发展进入了瓶颈期。针对以上问题，本书结合经济学、社会心理学、消费者行为学及信息管理等领域的理论，第 3 章通过理论推演揭示了网络团购的运行原理，并通过数学模型的构建与推导，得出了网络团购效益最大化从而成为优势策略的必要条件。根据网络团购效益最大化的必要条件，第 4 章基于社会心理学的身份认同和纽带认同理论和网络社群的视角，构建了影响这些必要条件的理论模型，通过第 5 章和第 6 章对所提出的理论模型进行实证检验，验证了理论模型。为了进一步提高本书研究结论的坚韧度以及本书所提出的理论框架在具体的企业营销实践情境中是否具有效性和契合性，在第 7 章对所提出的理论框架进行了案例研究。最后，在第 8 章基于 NetBean 平台爬虫程序抓取的网络团购社群的数据，使用生存分析模型和 ABMS 仿真实验的方法，考察了基于社群活动的同质性机制和基于人际传播的社会影响机制对网络团购社群的产品信息扩散传播绩效的影响，以及在这两种机制下初始节点的选择对扩散效果的影响。现将本书的结论总结如下：

9.1.1 网络团购机制设计的原理

网络团购最本质的机制设计在于“团”的功能。当企业产品处于成长期阶段，市场上的消费者对企业产品存在适度的信息差，由于信息差的客观存在，对产品熟悉度低的潜在消费者由于缺乏产品信息而对产品的评价度也偏低，从而影响了消费者的购买意愿。网络团购这种商业模式的机制设计优势在于：企业通过略低于市场价的团购价格去激励那些产品体验度良好的消费者充当企业的“销售代理”，利用自身的网络社群资源向群体内成员传播并分享产品信息和使用体验，商家可以以较低的成本即团购价格作为对“销售代理”所付出的“游说”努力的经济补偿，便可以充分利用群体内信息分享高效的资源，从而才能发挥网络团购这种商业模式的优势。

9.1.2 网络团购效益最大化的必要条件

基于网络团购机制设计的原理，本书将影响网络团购利润最大化的关键因素抽象为数学模型，通过推导模型发现，网络团购要实现效益最大化从而成为优势策略要同时满足三个条件：一是消费者对于产品信息差处于适度水平；二是对产品评价度高的消费者要具有较高的组团自我效能感；三是要具备较高的消费者间网络团购信息分享效率。

具体分析，团购策略要成为最优策略第一要满足消费者对产品的适度产品信息差。如果消费者的产品信息差过大，意味着产品信息度高的消费者与产品信息度低的消费者对产品的评价差距非常大，这种情况通常发生在产品生命周期的投入期。此时，市场中大部分消费者对产品还不了解，只有少数了解产品的顾客可能购买，销售量很低。为了扩展销路，需要大量的促销费用来对产品进行宣传。在这一阶段，由于技术原因，产品不能大批量生产，因而成本高，销售额增长缓慢，因此商家的最优策略是放弃评价度低的消费者，通过高价策略仅抓住评价度高的消费者市场获取最大利润。如果消费者对产品信息差过小，意味着大部分消费者对产品非常了解，产品评价度差距不大，这种情况通常发生在产品生命周期的成熟期，市场需求趋向饱和，潜在的消费者已经很少，销售额增长缓慢直至转而下降，因此，商家的最优策略是通过低价策略拓展尽可能大的市场份额。如果消费者的产品信息差处于适中的水平，那么产品的信息差所导致的产品评价度差也处于适中的水平，即市场上对产品评价度高的消费者和评价度低的消费者数量基本接近，这种情况通常发生在产品生命周期的成长期。此时，虽然可以采用低价策略将价格降低到不熟悉产品的消费者的产品评价度，但是商家损失了产品信息度较高的消费者对产品评价度高于低价格那部分的收益，及生产者剩余的减少。因此，商家此时的最优策略是通过网络团购策略，团购价格只要略微低于熟悉产品消费者的产品评价度，通过团购人数和时间的约束，就可以激励高信息度的消费者为了追求自身的消费者价值剩余，充分利用自身的网络社群关系网络，在所在社群传播产品信息和知识，分享使用体验，说服潜在消费者加入团购的行列，从而让更多的消费者了解产品，提高产品评价度，从而影响他们的消费决策，达到了利用网络社会媒介力量以较低的成本拓展市场。以上讨论解释了信息差大有利于高利润策略，信息差小有利于薄利多销策略，信息差适度有利于网络团购策略。

第二，网络团购策略成为最优策略还要满足团购信息分享者组团自我效能感大于1/2，或者可以理解为团购信息分享者中要有超过1/2的成员具有较高组团自我效能感。产品评价度高的消费者购买决策通常面临两个选择：直接购买和网络团购，两者的区别在于交易时间和交易价格。在直接购买的策略下，消费者的产品评价度只要高于产品的价格，就可以在交易的初始阶段完成购买。如果选择了网络团购的策略，评价度高的消费者要花费一定的时间找到潜在消费者并游说他们加入团购，交易的完成发生在团购达到了指定人数的时候，我们假设为交易的结束阶段。虽然团购价格低于直接购买的价格，但如果产品评价度高的消费者组团自我效能感很低的话，换言之，对自身完成组团这一任务的自信程度和结果预期很低，为了不延迟自身满足感，就会放弃团购信息的传播和分享的努力，继而转向直接购买。反之，如果团购信息分享者自我组团效能感越强，就会努力在所在社群内传播分享团购信息和产品体验，并努力说服潜在消费者加入团购，团购信息分享者努力程度越强，就能争取到越多的潜在消费者加入团购的行列，便会增加网络团购策略的利润。

第三，消费者间的团购信息分享效率在几个方面影响网络团购的最优性。随着消费者间的团购信息分享效率提高，网络团购的优势将逐渐减弱直至消失殆尽。网络团购的机制在于依靠产品知晓度高的消费者充当“销售代理”，通过他们的信息分享和人际影响来扩展市场，因此团购策略成功的关键点在于商家提供多少激励（即团购优惠价格）来弥补信息分享者的努力。如果消费者间关于团购的信息分享效率很低，评价度高的消费者分享信息要付出的努力就越多，商家提供的优惠幅度越大才能弥补产品评价度高的消费者的分享努力，那么商家通过网络团购策略拓展市场的动力就会越小。反之，如果消费者间团购信息分享效率越高，商家需要补偿给信息分享者的努力也会降低，商家提供的优惠幅度就会越小，当优惠的团购价格达到略低于零售价格水平的时候，这就大大提高了商家的利润率。

9.1.3 网络社群情境下影响网络团购信息分享沟通效率的因素

基于网络团购成为优势策略的两个必要条件：团购信息分享者要具有较高的组团

自我效能感以及较高的消费者网络团购信息分享效率，本书进一步以社会心理学的身份认同和纽带认同理论为基础，研究了在网络社群情境下，影响团购信息分享者组团自我效能感以及消费者网络团购信息分享效率的因素，通过构建理论模型、数据收集、实证研究和案例研究，得出以下结论：

（1）社会分类、群内依赖和群际间比较正向影响个体对网络社群群体的身份认同，而人际互动、个体信息公开和兴趣相似性正向影响个体对网络社群的纽带认同。

（2）身份认同与纽带认同都正向影响个体对社群内分享的网络团购信息的认同度。

（3）个体对社群内分享的网络团购信息的认同度正向影响团购信息分享者组团自我效能感以及消费者网络团购信息分享效率。

（4）网络团购商品的属性与身份认同群体的共同身份相关度在身份认同与个体对群内分享的团购信息认同度的关系中起到了调节作用：当相关度高时，身份认同对个体对群内分享的团购信息认同度产生正向影响；当相关度低时，身份认同对个体对群内分享的团购信息认同度没有影响。

（5）网络团购商品的属性与纽带认同群体的共同兴趣相关度在纽带认同与个体对群内分享的团购信息认同度的关系中起到了调节作用：当相关度高时，纽带认同对个体对群内分享的团购信息认同度产生正向影响；当相关度低时，纽带认同对个体对群内分享的团购信息认同度没有影响。

9.1.4　社会影响和同质性影响机制对网络团购社群信息扩散绩效的研究

网络团购社群属于交易型网络社群，与以往的许多研究中的传统的社交网络相比，在结构上和内在属性上存在较大差异。因此，研究网络团购社群中的产品信息扩散传播策略，要同时考虑基于社群活动的同质性机制和基于人际传播的社会影响机制。本章研究分析了网络团购社群的双模网络特性，即社群中成员之间除了直接的人际关系网络外，还会以社群团购活动作为载体的二模网络。我们在双模网络拓扑结构的基础上，根据社群用户在活动中体现的同质性来选择初始节点，构建了三种不同机制的信息扩散模型来分别模拟用户在社会影响、同质性影响以及两种影响交互机制下的行为模式，并基于 NetBean 平台爬虫程序抓取的网络团购社群的数据，使用生存分析模型和 ABMS 仿真实验的方法，对比研究了社会性影响机制和同质性影响机制在网络团购社群中对信息影响效率分别作用和同时作用的显著性差异，以及在这两种机制下初始节点的选择对扩散效果的影响，对提高网络团购社群产品信息传播效率具有重要的理论意义和现实指导意义。实验结论具体如下：

（1）在控制了网络关系密度的基准网络下，（随机网络）基于社会影响的扩散与基于同质性的扩散差异显著。基于同质性机制的扩散更为敏感和迅速，在扩散初期就表现出较快的扩散速度；而社会影响机制下的扩散则更接近线性增长。

（2）在网络关系密度和扩散概率皆相同的前提条件下，改变仿真网络的拓扑结构使其符合真实网络的特性（随机抽取真实网络中的关系），基于社会影响的扩散与基于同质性的扩散差异依然显著。虽然基于同质性的扩散在初期扩散速度显著提升，但由于受到社群活动数量的限制，其最终的扩散范围却没有基于社会影响的扩散机制范围广。

（3）相对于随机选取的节点，选取网络团购社群处于双模网络中心的节点确实可以促使一批社群成员在短时间内更快地受到感染，在人际关系网络和社群活动网络中都占据中心位置的社群成员会显著提升网络团购社群中传播扩散的速度。同时，随着扩散时间的继续延长，这种加速的效果逐渐趋于缓和，最终达到了选取中心人物扩散绩效的饱和效应。

（4）具有同质性影响的一类节点比不具有同质性影响的节点更容易受到社群信息的感染；而这种差异在社会性影响中却较小，社群成员的好友受到社群信息的感染并不能显著提升该成员也受到感染的风险率。这也进一步证明了两种扩展机制的本质性差异。同时，也证明了同质性影响机制相对于社会影响机制在网络团购社群的信息扩散中起着主导作用。最后，通过最陡峭的生存曲线我们发现，当社群中的成员同时受到社会性影响和同质性影响，即两种机制交互作用时，他们受到信息扩散的概率是最高的。

9.2 研究贡献

9.2.1 理论贡献

网络团购作为新兴的商业模式引起了学术界的广泛关注，但是目前学术界很少有研究涉及网络团购机制设计的原理以及网络团购如何成为优势策略，对网络团购的理解局限于低价策略。针对网络团购相关研究的不足，本书结合经济学、社会心理学、消费者行为学及信息管理等领域的理论，通过理论推演揭示了网络团购的运行原理，并通过数学模型的构建与推导，得出了网络团购成为优势策略的必要条件，为进一步深化对网络团购经营模式的本质和特征理解提供了理论基础，这将从根本上改变我们对网络团购这种独特的商业模式的认知。

（1）通过对决定网络团购成为优势策略的必要条件与网络社群关系的研究，并结合群体身份认同和纽带认同理论，构建并验证了基于网络社群视角下团购信息分享者的组团自我效能感以及网络团购信息社群内分享效率的影响模型，使以前单纯从网络口碑影响信息分享效率的视角转向了基于社群认同机理下团购分享者组团自我效能感以及团购信息群内分享效率，从而深化了网络团购理论研究，并为网络团购理论研究提供了有益的补充。

（2）基于信息理论的网络评论和网络口碑影响是从散落于庞杂网络的个体视角下研究网络信息分享效率的，但由于存在大量无须承担任何责任的一次性信息交流导致较低的网络信任度以及依靠网络发帖而生存的网络“水军”的信息扰乱，使网络信息沟通效率难以真正发挥影响消费者决策的效应。此外，由于影响网络团购的一个关键变量是严格的交易时间限制，缺乏组织关联的散落节点的信息沟通效率很难在短时间内发挥效力。针对这个问题，本书将研究的视角转向了网络社群中的认同理论，因为与离散的网络个体相比，网络群体是基于成员间一定程度上的信任、承诺以及共同需求目标形成的，是现实世界中人与人关系的拓展与延伸。在社会心理学的研究领域，众多学者通过研究发现，个体对所在群体的认同方式与程度显著影响了群体内沟通分享信息的沟通效率。本书正是基于社会心理学的这个重要发现，将其引入网络团购信息沟通效率的研究，对信息影响理论做出有益的补充。

（3）本书对社会心理学的身份认同与纽带认同理论在网络环境下的机理做了有益的补充。虽然社会心理学领域关于群体对个体影响的研究有很多成果，但大都是基于现实社会情景。在网络社群复杂的网络互动环境下，社会心理学的研究结论还有待验证。网络社群环境下的群体对个体的影响是一个新的现象，本书结合了消费者行为学与社会心理学的理论，探讨了网络情境下群体内个体的相互影响关系，对社会心理学的身份认同与纽带认同理论在网络环境下的机理做了有益的补充。

（4）网络团购社群是在社会化商务背景下发展起来的新型社群，与以往研究所涉及的传统社交网络不同，网络团购社群在结构上属于双模网络，在属性上具有交易和社交两种属性。网络团购社群成员部分间存在相互陌生的现实（如新浪亲子论坛团购中有部分粉丝是彼此不认识的）。信息的传播更多地依赖他们本身具有的某些共性，即同质性。社会性影响机制基于消费者之间的社会关系的强弱，而同质性机制是基于消费者之间从历史活动中体现出的行为相似性。因此，两种信息扩散机制在初期的扩散速度和最终的扩散范围上会存在显著差异。而这种差异，会对网络社群团购在信息影响效率方面产生重要的影响，由于信息影响效率是网络社群团购成为优势策略的必要条件之一，因此本部分重点研究两种扩散机制对网络团购信息影响效率具有重要的理论意义。

9.2.2 实践贡献

（1）本书的研究模型对于网络团购的实践也有一定的启示。目前，实业界在实际运用网络团购策略时，由于缺乏理论指导，对网络团购的理解局限于低价策略，并没有抓住网络团购机制设计的本质，从而未能充分发挥网络团购的优势，造成了目前国内网络团购的发展进入了瓶颈期。我国网络团购模式单一，同质化严重，更重要的是，目前的网络团购网站将网络团购做成了打折店的促销模式，将网络团购最本质、最重要的机制设计“团”的功能去除，就等于放弃了以团购价格为补偿，去激励那些产品体验度良好的消费者充当企业的“销售代理”，利用自身的网络社群资源去分享产品信息和使用体验，浪费了网络社群天然的信息影响力资源，从而严重降低了网络团购成为优势策略的可能性，也使网络团购这种商业模式失去了自身的优势，与低价促销混为一谈，失去了存在的必要条件。而本书通过对网络团购机理的研究，通过模型的构建与理论推演，推导出在产品成长期间的营销策略中，网络团购如果将其机制的设计特点与网络社群的优势紧密结合，将在此阶段发挥重要作用。同时，通过与产品投入期的高价策略和产品成熟期的低价策略相比较，推导归纳出网络团购成为优势策略的必要条件，为网络团购的经营者深刻理解网络团购的本质，明确采用网络团购的合理区间，科学合理地利用网络团购并使其效益最大化提供理论指导。

（2）当前由于社交媒体和社交网络的迅速发展，网络社群中蕴藏着庞大的用户资源，这些宝贵资源的商业价值目前还没有得到有效的变现。网络社群环境的特点是人际传播双向性强、信任度高、反馈及时、互动频度高，这些特点使网络社群可以聚集有共同需求的人、发现小众消费的人群而发起团购。本书将影响网络团购成为优势策略的必要条件和网络社群环境中群体内个体间的认同关系互动纳入统一框架加以研究，通过实证研究和案例研究，构建并验证了网络社群视角下团购信息分享者的组团自我效能感以及网络团购信息社群内分享效率的影响模型。以发现网络社群环境下，有丰富产品知识和产品体验良好的消费者，通过网络团购的激励机制去主动利用群体内的认同机制影响并说服群体内潜在消费者的影响因素，从而不但为拥有巨大网络社群资源的平台运营商变现网络社群资源提供了新的有益思路，也为网络团购经营者更好地运用网络团购策略提供了理论基础。

（3）本书从网络团购社群信息传播机制的视角，通过 ABMS 仿真实验的方法，重点考察了基于社群活动的同质性机制和基于人际传播的社会影响机制对网络团购社群的产品信息扩散传播绩效的影响。研究发现，基于同质性机制的扩散更为敏感和迅速，在扩散初期就表现出较快的扩散速度；而基于社会影响的扩散能达到更大的传播范围。在考察初始节点的选择对扩散结果的影响和提升作用的研究中，我们发现选取网络团购社群处于双模网络中心的节点确实可以促使一批社群成员在短时间内更快地受到感染，在人际关系网络和社群活动网络中都占据中心位置的社群成员会显著提升网络团购社群中传播扩散的速度。从 Kaplan 和 Meier 生存曲线发现：相对于社会影响机制，同质性机制在网络团购社群的信息扩散中起着主导作用。当社群中的成员同时受到社会性和同质性影响，即两种机制交互作用时，他们受到信息扩散的概率是最高的。同时考虑同质性扩散机制和社会影响扩散机制能够帮助相关网络团购平台和企业更准确地预测产品信息在网络团购社群的扩散效果；对网络团购社群的中心人物在双模网络中心性的综合计算能够帮助相关网络团购平台和企业在社群中找到更加有效的传播初始节点，从而提升扩散效率，为团购商品的推广赢得更多时间价值，从而实现网络团购效益最大化。

9.3 理论应用

网络社群的迅速发展、为网络团购成为优势策略提供了良好的基础，如何将网络社群中人际传播双向性强、信任度高、反馈及时、互动频率高的优势与网络团购机制设计中利用产品评价度高的消费者“游说”潜在消费者的优势结合起来，是相关企业一直在探寻的问题。本书的研究结论对于业界的启示在于：

（1）企业应该深刻理解网络团购的机制设计不是简单地通过低价策略吸引消费者，网络团购的本质在于充分发挥“团”的功能，即通过适度的团购价格激励那些产品评价度高的消费者为了达到网络团购所规定的最低人数和组团时间，积极主动地充当企业产品的“推销者”，向不熟悉产品的潜在消费者传播产品知识、分享使用体验，形成消费者间的互动教育，并努力说服潜在消费者加入团购行列。这样不但可以提高消费者对产品的忠诚度，还能够帮助企业节省巨大的广告投入，而且依然能达到同样甚至更好的产品宣传效果。

（2）企业应该在消费者对产品的信息差处于中度水平的时机下，即在产品成长阶段采用网络团购，这样才有可能使网络团购的效益最大化。本书的研究结果表明，网络团购成为优势策略的一个前提条件是产品信息差适中。因此，企业应该根据产品生命周期的不同阶段而采取动态的销售策略，而不是不分情况一味地采取网络团购策略。

当产品处于投入阶段，市场对产品了解度低，熟悉产品的消费者非常少，与不了解产品的潜在消费者的数量悬殊太大，会导致团购发起者的宣传工作巨大，不但会降低发起者的组团自我效能感，而且会增大企业对信息分享者的努力补偿，即加大团购价格的折扣力度，销售成本较高。根据这一阶段的特点，企业应该把销售力量直接投向最有可能的购买者，实行高价策略，高价卖给识货者，力争在每单位销售额中获取最大边际利润，尽快收回投资。

当产品进入成熟阶段，消费者对产品的信息差不断缩小，对产品的评价度基本稳定，在这个阶段，也不适合采取网络团购策略，因为网络团购策略的机制设计是通过产品信息度高的消费者去影响产品信息度低的消费者通过组团的方式购买产品，但是当两类消费者的信息差消失的时候，便超出了网络团购的适用条件，网络团购在此阶段无法达到效益最大化，企业可以直接采取低价策略，通过薄利多销迅速占领市场。

当产品进入成长阶段，消费者对于产品存在适度的信息差，商品知识的差异导致消费者对产品的评价也有所不同。当优惠的团购价格低于熟悉产品的消费者对该产品的评价时，便产生了消费者剩余价值，从而激励了那些追求剩余价值的消费者为了达到网络团购所规定的最低人数和组团时间，积极主动地充当企业产品的“推销者”，向不熟悉产品的潜在消费者传播产品知识（如产品的功能、质量、服务等）、分享使用体验，形成消费者间的互动教育，并努力说服潜在消费者加入团购行列。因此，企业可以采用网络团购策略，以略低于市场价格的团购价格就可以利用消费者的网络资源达到迅速提高产品知名度的目的，而团购价格的成本要远远低于广告的投入成本，但单位信息影响力的效果要优于广告。

（3）充分重视社群中网络团购发起者的作用。网络团购的发起者通常是具备丰富产品知识的消费者，他们对产品的评价度较高，是产品的忠实用户，企业应该充分利用他们所掌握的产品知识和网络社群资源，通过合理的团购价格，使其低于他们的产品评价度，从而激励他们在所在社群为企业宣传产品，与潜在消费者分享使用体验，从而使企业产品通过团购的机制设计快速赢得市场，提高产品知名度。本书研究结果表明，团购发起者的自我效能感在团购过程中扮演重要的角色，因此企业应该将团购发起者作为重点客户直接接触，邀请这些发起者参观企业，向他们传递更多的产品信息，让他们进行更多的产品体验，了解生产工艺，定期与他们交流并获得信息反馈，使他们成为企业和社群消费者沟通的桥梁，他们基于对社群成员的了解，将从企业那里得到的信息以更易被本社群接受的形式进行加工，这样可以大大提高社群中对团购产品的信息认同度，这样的宣传效果要远远高于产品关高，既有针对性，又与社群成员的接受方式吻合，还能降低成本。

（4）通过提升网络社群成员对社群的认同感，从而提高信息分享者的组团自我效能感以及社群内团购信息的分享效率，最终实现网络团购效益最大化。认同度较高的群体通常具有很强的凝聚力，成员彼此间的信任、沟通、分享和互动意愿和程度都要高于群体外成员，本书的研究发现，都可以显著提高群体内关于网络团购信息的分享效率和团购发起人组团的自我效能感，从而保证了网络团购处于优势策略的低位。因此网购团购的经营者应该有意识地将身份认同与纽带认同形成的关键要素运用到构建网络群体平台的设计体系中，将会提高群体内的互动频率，优化沟通机制，提高群体凝聚力，增强成员间的信任度，最终可以提升群体内信息交流的影响力，为网络团购奠定了“团”的基础，使“购”水到渠成。

针对共同身份的网络社群，网络团购经营者应该通过在网站的设计中凸显社群的群体身份即社会分类，通过身份相似性、独特性和身份威望等途径形成身份吸引力，从而建立消费者对网络社群的认同。此外，通过建立共同任务与共同目标，激发社群内成员间的相互依赖感，并经常比较社群中的差异来强化身份认同感。

针对共同纽带的网络社群，通过鼓励社群成员间的人际互动、个体信息公开和挖掘个体兴趣相似性来促进社群成员对群体的纽带认同。因此，整个群体内信息沟通效率较高。基于群体内认同所形成的良好沟通基础，产品评价度高的消费者才能有效地影响潜在消费者，网络团购的机制设计才能发挥作用。因此，网络团购经营者应该积极地与认同度较高的网络群体建立良好的战略合作关系，使产品在网络团购和群体认同两种机制的共同作用下，发挥出比传统的商业广告更多的优势：如信息抵达目标受众群速度更快，精准率更高，信息对于受众有更强的影响力和说服力，信息传播成本更低。

（5）团购商品的投放要与社群身份或社群兴趣主题相契合。无论是基于身份认同还是纽带认同的网络社群，都在很大程度上聚集了市场中分散的个体在共同利益或共同兴趣方面的需求，客观上为企业提供了更加精准合理的市场细分以及深刻理解特定消费群需求的数据库，因此，企业在选择网络社群投放网络团购产品时，要认真研究每个社群的认同属性与潜在需求，确保产品的基本效用与网络社群的共同身份或共同兴趣相匹配，这样才能有的放矢，激起网络社群成员的共鸣，提高消费者之间关于团购产品信息的分享效率以及网络团购发起人的组团自我效能感，提高网络团购的效率以及成功率。企业还应该加强与认同度较高的网络社群的信息互动，针对特定群体的特定需求，对产品的功能、属性进行相应的改进和创新，开展定制化产品和定制化服务的团购策略，甚至还可以邀请网络社群成员直接参与产品设计，这样制定的产品与消费者的需求才能高度吻合，提高消费者满意度，从而不但提高了网络团购的效率，而且还提高了网络社群成员对产品的忠诚度。定制化网络团购是根据网络团购客户实际订单生产的，可以避免产品滞销导致资源浪费和库存成本上升，从而降低了运营成本。

（6）同时考虑同质性扩散机制和社会影响扩散机制能够帮助相关网络团购平台和企业更准确地预测产品信息在网络团购社群的扩散效果；对网络团购社群的中心人物在双模网络中心性的综合计算能够帮助相关网络团购平台和企业在社群中找到更加有效的传播初始节点，从而提升扩散效率，为团购商品的推广赢得更多的时间价值，从而实现网络团购效益最大化。

附　录

身份认同社群调查问卷（前测）

尊敬的女士/先生：

您好！感谢您在百忙之中填写本问卷，目前我们正在进行一项有关网络团购方面的学术研究，想了解一下您的看法和意见，本问卷不记名，调查结果仅供学术研究之用，我们保证对您的回答严格保密，敬请放心填写，衷心感谢您的合作！

如果您“完全同意”请选 7，“同意”请选 6，“比较同意”请选 5，“中立”请选 4，“不太同意”请选 3，“不同意”请选 2，“完全不同意”请选 1，并在数字下面对应的方框内打钩。

附表 1　身份认同社群调查

项目	1	2	3	4	5	6	7
我通常会加入并时常关注与我的职业和社会角色匹配的网络社群							
如果网络社群的主题身份与我职业和社会角色不符，我通常不会加入该网络社群							
能够体现出我的某个社会身份的社群让我体验了存在感和价值感							
我与身份相匹配的网络社群成员有共同的话题							
我与所在的网络社群中的成员面临共同要解决的问题							
我与所在的网络社群成员具有共同的目标							
我与所在的网络社群成员具有共同的利益							
我觉我所在的社群是一个不可分割的整体，如果没有全体成员的共同努力，我们难以达到共同的目标							
我认为所在社群的成员在完成共同任务的过程中资源是互补的							
我认为我所在的网络社群在我所需要的资源方面是其他社群所不能替代的							

续表

项目	1	2	3	4	5	6	7
我认为我所在的网络社群追求的目标与其他同类社群不同							
我认为我所在的网络社群的核心价值是独一无二的							
我能够轻松地列举出三个我所在网络社群独特的优势							
我对所在的网络社群有强烈的归属感							
我对社群的使命、目标非常认同							
我愿意为所在社群的目标无私地贡献自己的力量							
我坚决反对任何损害我所在社群的行为							
我相信所在网络社群团购信息的真实度							
我愿意就社群团购信息同成员做进一步沟通							
我通常认为群内大部分网络团购信息对我具有价值							
与群体外信息相比较而言，群内网络团购信息是我参与网络团购的主要信息来源							
群体成员对我发布的产品信息认同度越高，我组团的信心就越强							
群体成员对我发布的产品信息认同度越低，我组团的信心就越弱							
如果我对群内分享的网络团购信息认同度很高，会加速提高我对产品的评价度							
如果我对群内分享的网络团购信息认同度较低，我对产品的评价度会有略微增长或维持原状							
我对所在群内分享的网络团购信息还没有认同之前，我对产品的评价度维持原状							
群内团购商品属性与群体社会类别相关度越高，越能引起我的关注和兴趣							
群内团购商品属性越有助于实现社群的共同目标，我参与学习和讨论的积极性越高							
群内团购商品属性越有助于解决社群成员共同的问题，我参与学习和讨论的积极性越高							
基本资料：请按照您的实际状况，在适当的空格里打钩（仅为本研究使用，绝不对外公布，请安心作答）							

纽带认同社群调查问卷（前测）

尊敬的女士/先生：

您好！感谢您在百忙之中填写本问卷，目前我们正在进行一项有关网络团购方面的学术研究，想了解一下您的看法和意见，本问卷不记名，调查结果仅供学术研究之用，我们保证对您的回答严格保密，敬请放心填写，衷心感谢您的合作！

如果您“完全同意”请选 7，“同意”请选 6，“比较同意”请选 5，“中立”请选 4，“不太同意”请选 3，“不同意”请选 2，“完全不同意”请选 1，并在数字下面对应的方框内打钩。

附表 2　纽带认同社群调查

项目	1	2	3	4	5	6	7
我与社群的网友信息和情感交流频繁							
我与社群中互动人群建立了非常好的人际关系							
我的一些决策受到了社群中朋友们的影响							
我觉得所在社群有良好的交流沟通环境							
我喜欢在社群与朋友们分享我的经历和想法							
我可以在社群上编辑发布我的个人信息							
我可以在对方允许的情况下浏览对方个人信息							
我可以便捷地在社群中找到与我兴趣相投的朋友圈							
我通过社群可以随时了解朋友们的最新动态							
我感觉我与所在网络社群的成员具有相同的兴趣爱好							
我愿意参与网络社群的成员举办的围绕我们共同兴趣爱好主题的线下活动							
对共同事物的偏好让我感觉与群体成员有亲密关系							
我经常关注群内成员的活动							
我与社群成员在共同的兴趣爱好方面经常交流互动							
我积极参与所在网络社群的活动							
我视社群成员为我生活中重要的朋友							
成员在社群中的信息是我重要的决策参考							
我相信所在网络社群团购信息的真实度							
我愿意就社群团购信息同成员做进一步沟通							
我通常认为群内大部分网络团购信息对我具有价值							
与群体外信息相比较而言，群内网络团购信息是我参与网络团购的主要信息来源							
群体成员对我发布的产品信息认同度越高，我组团的信心就越强							
群体成员对我发布的产品信息认同度越低，我组团的信心就越弱							
如果我对群内分享的网络团购信息认同度很高，会加速提高我对产品的评价度							
如果我对群内分享的网络团购信息认同度较低，我对产品的评价度会有略微增长或维持原状							

续表

项目	1	2	3	4	5	6	7
我对所群内分享的网络团购信息还没有认同之前，我对产品的评价度维持原状							
群内团购商品属性与群体成员共同的兴趣相关度越高，越能引起我的关注和兴趣							
群内团购商品属性越能满足成员共同的偏好需求，我参与学习和讨论的积极性越高							
越能够支持我们的线下活动，让我们的关系更加紧密的团购服务，我参与的积极性越高							
基本资料：请按照您的实际状况，在适当的空格里打钩（仅为本研究使用，绝不对外公布，请安心作答）							

身份认同社群调查问卷（正式）

尊敬的女士/先生：

您好！感谢您在百忙之中填写本问卷，目前我们正在进行一项有关网络团购方面的学术研究，想了解一下您的看法和意见，本问卷不记名，调查结果仅供学术研究之用，我们保证对您的回答严格保密，敬请放心填写，衷心感谢您的合作！

如果您“完全同意”请选 7，“同意”请选 6，“比较同意”请选 5，“中立”请选 4，“不太同意”请选 3，“不同意”请选 2，“完全不同意”请选 1，并在数字下面对应的方框内打钩。

附表 3 身份认同社群调查

项目	1	2	3	4	5	6	7
我通常会加入并时常关注与我的职业和社会角色匹配的网络社群							
如果网络社群的主题身份与我职业和社会角色不符，我通常不会加入该网络社群							
能够体现出我的某个社会身份的社群让我体验了存在感和价值感							
我与所在的网络社群中的成员面临共同要解决的问题							
我与所在的网络社群成员具有共同的目标							
我与所在的网络社群成员具有共同的利益							
我觉得我所在的社群是一个不可分割的整体，如果没有全体成员的共同努力，我们难以达到共同的目标							
我认为所在社群的成员在完成共同任务的过程中资源是互补的							

续表

项目	1	2	3	4	5	6	7
我认为我所在的网络社群在我所需要的资源方面是其他社群所不能替代的							
我认为我所在的网络社群追求的目标与其他同类社群不同							
我认为我所在的网络社群的核心价值是独一无二的							
我能够轻松地列举出三个我所在网络社群独特的优势							
我对所在的网络社群有强烈的归属感							
我对社群的使命、目标非常认同							
我愿意为所在社群的目标无私地贡献自己的力量							
我会坚决反对任何损害我所在社群的行为							
我相信所在网络社群团购信息的真实度							
我愿意就社群团购信息同成员做进一步沟通							
我通常认为群内大部分网络团购信息对我具有价值							
与群体外信息相比较而言，群内网络团购信息是我参与网络团购的主要信息来源							
群体成员对我发布的产品信息认同度越高，我组团的信心就越强							
群体成员对我发布的产品信息认同度越低，我组团的信心就越弱							
如果我对群内分享的网络团购信息认同度很高，会加速提高我对产品的评价度							
如果我对群内分享的网络团购信息认同度较低，我对产品的评价度会有略微增长或维持原状							
我对所群内分享的网络团购信息还没有认同之前，我对产品的评价度维持原状							
群内团购商品属性与群体社会类别相关度越高，越能引起我的关注和兴趣							
群内团购商品属性越有助于实现社群的共同目标，我参与学习和讨论的积极性越高							
群内团购商品属性越有助于解决社群成员共同的问题，我参与学习和讨论的积极性越高							
基本资料：请按照您的实际状况，在适当的空格里打钩（仅为本研究使用，绝不对外公布，请安心作答）							
您的性别为：□男　□女							
您的年龄为：□20 岁及以下　□21~25 岁　□26~30 岁　□31~35 岁　□36~40 岁　□41~45 岁　□46 岁（含）以上							
您的学历为：□初中（含）以下　□高中　□中专　□大专　□本科　□研究生及以上							
您每个月平均可支配收入（单位：人民币） □500 元及以下　□501~1000 元　□1001~1500 元　□1501~2000 元 □2001~2500 元　□2501~3000 元　□3001~3500 元　□3501 元及以上							
您参与网络团购的时间：□3 年（含）以上　□2~3 年内　□1~2 年内　□1 年及以下							
您每年通过社群网络团购购买东西的频率：□10 次（含）以上　□7~9 次　□4~6 次　□3 次以内							

纽带认同社群调查问卷（正式）

尊敬的女士/先生：

您好！首先感谢您在百忙之中填写本问卷，目前我们正在进行一项有关网络团购方面的学术研究，想了解一下您的看法和意见，本问卷不记名，调查结果仅供学术研究之用，我们保证对您的回答严格保密，敬请放心填写，衷心感谢您的合作！

如果您"完全同意"请选 7，"同意"请选 6，"比较同意"请选 5，"中立"请选 4，"不太同意"请选 3，"不同意"请选 2，"完全不同意"请选 1，并在数字下面对应的方框内打钩。

附表 4　纽带认同社群调查

项目	1	2	3	4	5	6	7
我与社群的网友信息和情感交流频繁							
我与社群中互动人群建立了非常好的人际关系							
我的一些决策受到了社群中朋友们的影响							
我觉得所在社群有良好的交流沟通环境							
我喜欢在社群与朋友们分享我的经历和想法							
我可以在社群上编辑发布我的个人信息							
我可以在对方允许的情况下浏览对方个人信息							
我可以便捷地在社群中找到与我兴趣相投的朋友圈							
我通过社群可以随时了解朋友们的最新动态							
我感觉我与所在网络社群的成员具有相同的兴趣爱好							
我愿意参与网络社群的成员举办的围绕我们共同兴趣爱好主题的线下活动							
对共同事物的偏好让我感觉与群体成员有亲密关系							
我与社群成员在共同的兴趣爱好方面经常交流互动							
我会积极参与所在网络社群的活动							
我视社群成员为我生活中重要的朋友							
成员在社群中的信息是我重要的决策参考							
我相信所在网络社群团购信息的真实度							
我愿意就社群团购信息同成员做进一步沟通							
我通常认为群内大部分网络团购信息对我具有价值							
与群体外信息相比较而言，群内网络团购信息是我参与网络团购的主要信息来源							
群体成员对我发布的产品信息认同度越高，我组团的信心就越强							

续表

项目	1	2	3	4	5	6	7
群体成员对我发布的产品信息认同度越低，我组团的信心就越弱							
如果我对群内分享的网络团购信息认同度很高，会加速提高我对产品的评价度							
如果我对群内分享的网络团购信息认同度较低，我对产品的评价度会有略微增长或维持原状							
我对所群内分享的网络团购信息还没有认同之前，我对产品的评价度维持原状							
群内团购商品属性与群体成员共同的兴趣相关度越高，越能引起我的关注和兴趣							
群内团购商品属性越能满足成员共同的偏好需求，我参与学习和讨论的积极性越高							
越能够支持我们的线下活动，让我们的关系更加紧密的团购服务，我参与的积极性越高							
基本资料：请按照您的实际状况，在适当的空格里打钩（仅为本研究使用，绝不对外公布，请安心作答）							
您的性别为：□男 □女							
您的年龄为：□20 及岁以下 □21~25 岁 □26~30 岁 □31~35 岁 □36~40 岁 □41~45 岁 □46 岁（含）以上							
您的学历为：□初中（含）以下 □高中 □中专 □大专 □本科 □研究生及以上							
您每个月平均可支配收入（单位：人民币） □500 元及以下 □501~1000 元 □1001~1500 元 □1501~2000 元 □2001~2500 元 □2501~3000 元 □3001~3500 元 □3501 元及以上							
您参与网络团购的时间：□3 年（含）以上 □2~3 年内 □1~2 年内 □1 年及以下							
您每年通过社群网络团购购买东西的频率：□10 次（含）以上 □7~9 次 □4~6 次 □3 次以内							

参考文献

[1] Brodie R. J., H. Winklhofer, N.E. Coviello, and W. Johnston. Is E-marketing Coming of Age? An Examination of the Penetration of E-marketing and Firm Performance [J]. Journal of Interactive Marketing, 2007 (21): 2-21.

[2] Kozinets R. V, K. de Valck, A. C. Wojnicki, and S. J. S. Wilner. Networked Narratives: Understanding Word-of-Mouth Marketing in Online Communities [J]. Journal of Marketing, 2010, 74 (2): 71-89.

[3] Barwise P. and S. Meehan. The One Thing You Must Get Right When Building a Brand [J]. Harvard Business Review, 2010, 88 (12): 80-84.

[4] Yujie Wei and Detmar W. Straub and Amit Poddar. The Power of Many: An Assessment of Managing Internet Group Purchasing [J]. Journal of Electronic Commerce Research, 2011, 12 (1): 19-38.

[5] 2011年中国网络团购调查报告 [R]. 北京：中国电子商务研究中心，2011.

[6] 2016年中国网络团购调查报告 [R]. 北京：中国电子商务研究中心，2016.

[7] Kauffman R. J., Wang B. New Buyer's Arrival under Dynamic Pricing Market Microstructure: The Case of Group-buying Discounts on the Internet [J]. Manage Information System, 2001, 18 (2): 157-188.

[8] Kim W., Jeong O., Lee S. On Social Web Sites [J]. Information System, 2010, 35 (2): 215-236.

[9] Wellman B., Salaff J., Dimitrova D., et al. Computer Networks as Social Networks: Collaborative Work, Telework, and Virtual Community [J]. Annual Review of Sociology, 1996, 22 (4): 213-238.

[10] Mayfield R. Social Network Dynamics and Participatory Politics [Z]. In J. Lebkowsky and M. Ratcliffe (Eds.), Extreme Democracy, 2005: 116-132.

[11] Boyd D. M. and Ellison N. B. Social Network Sites: Definition, History, and

Scholarship [J]. Journal of Computer-Mediated Communication, 2007, 13 (1): 210-230.

[12] Hennig Thurau T., Edward C. M., Christian F., et al. The Impact of New Media on Customer Relationships [J]. Journal of Service Research, 2010, 13 (3): 311-330.

[13] Stefan W. H. K., Dekimpe M. G., Gijsbrechts E., et al. The Connected Customer: The Changing Nature of Consumer and Business Markets [M]. New York: Routledge, 2010.

[14] Judith A. G., Burton S. Highly Coupon and Sales Prone Consumers: Benefits Beyond Price Savings [J]. Journal of Advertising Research, 2003, 43 (2): 162-176.

[15] Parimal S. Bhagat, Andreas Klein, and Varinder Sharma.The Impact of New Media on Internet-based Group Consumer Behavior [J]. Journal of Academy of Business and Economics, 2009, 9 (3): 83-94.

[16] Rugullies E. Power to the Buyer with Group Buying Sites [J]. E-Business Advisor, 2000 (10): 10-13.

[17] Horn T.V. and N. Gustafson. Demand Aggregation Through Online Buying Groups. U.S.A.: 6047266 [P]. United States Patent Office, Washington, D.C., 2000.

[18] Robert J. Kauffman, Hsiangchu Lai, and Huang-Chi Lin. Consumer Adoption of Group-buying Auctions: an Experimental Study [J]. Information Technology Management, 2010 (11): 191-211.

[19] Rezabakhsh B., Bornemann D., Hansen U. and Schrader U. Consumer Power A: Comparison of the Old Economy and the Internet Economy [J]. Journal of Consumer Policy Spring, 2006 (29): 35-36.

[20] Jian Chen, Xilong Chen and Xiping Song. Comparison of the Group-buying Auction and the Fixed Pricing Mechanism [J]. Decision Support Systems, 2007 (43): 445-459.

[21] 齐雯. 网络团购商业模式研究：基于 Groupon [N]. 人力资源管理，2010-10-9.

[22] http://b2b.toocle.com/zt/upload_data/down/2010tgdc.pdf [OL].

[23] Hernández B., J. Jiménez and M. J. Martín. Customer Behavior In Electronic Commerce: The Moderating Effect of E-Purchasing Experience [J]. Journal of Business Research, 2010, 63 (9/10): 964-971.

[24] O'Brien J. C. Ooperative Commerce: Group-Buying Engines Promise Consumers Strength in Numbers [J]. Computer Shopper, 2012 (2): 1-20.

[25] Tokuro Matsao, Takayuki Ito and Toramatsa Shintani.A Volume Discount-Based

Allocation Mechanism in Group Buying [J]. Computer Society, 2005.

[26] Daniel J. Agglomeration Economies and Transport Investment [J]. International Transport Forum, 2007 (11): 3–23.

[27] Tsvetovat M., Sycara K., Chen Y. and Ying J. Customer Coalitions in the Electronic Market Place [C]. Proceedings of the 3rd Workshop on Agent Mediated Electronic Commerce (AMEC), 2000: 263–226.

[28] 钱大可. 浅析网络团购 [J]. 商业时代，2006 (2): 67– 68.

[29] Rugullies E. Power to the Buyer with Group Buying Sites [J]. E–Business Advisor, 2000 (10): 10–13.

[30] 张夷君. 网络社群信任对消费者网络团购意愿影响之研究 [D]. 复旦大学博士学位论文，2010.

[31] Anand K. S., Aron R. Group Buying on the Web: A Comparison of Price–discovery Mechanisms [J]. Management. Science, 2003, 49 (11): 1546–1562.

[32] Li C., Chawla S., Rajan U., Sycara K. Mechanism Design for Coalition Formation and Cost Sharing in Group–buying Markets[J]. Electronic Commerce Research and Application, 2004, 3(4): 31–354.

[33] Chen J., Chen X., Kauffman R. J., Song X. Should We Collude? Analyzing the Benefits of Bidder Cooperation in Online Group–buying Auctions [J]. Electromc Commerce Research Application, 2009, 8: 191–202.

[34] Li C., Sycara K., Scheller–Wolf A. Combinatorial Coalition Formation for Multi–item Group Buying with Heterogeneous Customers [J]. Decision Support Systems, 2010, 49: 1–13.

[35] Robert J. Kauffman, Hsiangchu Lai and Huang–Chi Lin. Consumer Adoption of Group–buying Auctions: An Experimental Study [J]. Information of Technology Management, 2010 (11): 191–211.

[36] Cuihong Li, Katia Sycara and Alan Scheller–Wolf.Combinatorial Coalition Formation for Multi–item Group–buying with Heterogeneous Customers [J]. Decision Support Systems, April 2010, 49 (1): 1–13.

[37] Jian Chen, Robert J. Kauffman, Yunhui Liu, Xiping Song. Segmenting Uncertain Demand in Group–buying Auctions [J]. Electronic Commerce Research and Applications, March–April 2010, 9 (2): 126–147.

[38] Lai H. International Conference on Advance in Infrastructure for E-Business, E-Education, E-Science, E-Medicine on the Internet. Collective Bargaining Models on e-Marketplace [C]. L'Aquila, Italy, 2002.

[39] McHugh J. Consumer Collusion [M]. Forbes, 1999, 164 (5): 222-223.

[40] Rezabakhsh B., Bornemann D., Hansen U. and Schrader U. Consumer Power: A Comparison of the Old Economy and the Internet Economy [J]. Journal of Consumer Policy, 2006 (Spring): 3-36.

[41] Anand K. S. and Aron R. Group Buying on the Web: A Comparison of Price-Discovery Mechanisms [J]. Management Science, 2003 (Nov): 1546-1562.

[42] Robert J. Kauffman, Angsana A. Techatassanasoontorn. New Theoretical Perspec tives on Technology Adoption [J]. Information Technology and Management, 2010, 11 (4): 157-160.

[43] Keeney, R. L. The Value of Internet Commerce to the Customer [J]. Management Science, 45 (4): 533-542.

[44] Hummel J., Lechner U. Social Profiles of Virtual Communities. Proceedings of the 35th Annual Hawaii International Conference on System Science [C]. 2002: 2245-2254.

[45] Preece J., Maloney-Krichmar D. Online Communities: Focusing on Sociability and Usability. In Jacko, J. and Sears, A. eds. Handbook of Human-Computer Interaction [M]. Lawrence Erlbaum Associates Inc., Mahwah, NY, 2003: 596-620.

[46] Chang M. L., Lai M.K., Wu WY. The Influences of Shopping Motivation on Adolescent Online-shopping Perceptions [J]. African Journal of Business Management, 2010, 4 (13): 2728-2742.

[47] Azizi S., Javidani M. Measuring E-shopping Intention: An Iranianperspective [J]. African Journal of Business Management, 2010, 4 (13): 2668-2675.

[48] Ridings C. M., Gefen D., Arinze B. Some Antecedents and Effects of Trust in Virtual Communities [J]. Journal of Strategic Information Systems, 2002, 11 (3): 271-295.

[49] Shih-Ming Pi, Hsiu-Li Liao, Su-Houn Liu and I-Shan Lee. Factors Influencing the Behavior of Inline Group-buying in Taiwan [J]. African Journal of Business Management, 2011, 5 (16): 7120-7129.

[50] Ming-Tien Tsai, Nai-Chang Cheng & Kun-Shiang Chen. Understanding Online Group Buying Intention: The Roles of Sense of Virtual Community and Technology Accep-

tance Factors [J]. Total Quality Management，2011，22（10）：1091-1104.

[51] Parimal S. Bhagat，Andreas Klein，Varinder Sharma. The Impact of New Media on Internet-based Group Consumer Behavior [J]. Journal of Academy of Business and Economics，2009，9(3)：83-94.

[52] 何元正. 网络社群成员间合购行为与关系承诺——信任相关因素之研究 [D]. 亚洲大学硕士学位论文，2008.

[53] 杨惠琴. 网络合购知觉风险与合购意愿影响因素之研究 [D]. 东吴大学硕士学位论文，2006.

[54] 黄聆怡. 电子口碑效果与网络合购行为之研究 [D]. 台湾大学硕士学位论文，2008.

[55] 李姿仪. 实体与网络合购对购买意愿之影响——口碑与信息搜寻重要性干扰之探讨 [D]. 辅仁大学硕士学位论文，2007

[56] 李依珊. 影响消费者进行线上合购行为之因素研究 [D]. 中原大学硕士学位论文，2009.

[57] 王培. Groupon 模式与团购新趋势 [J]. 网络营销，2010(8).

[58] 张莹. 新兴网络团购的特点与发展趋势 [J]. 中国商贸，2011（17).

[59] 宁连举，张莹莹. 网络团购消费者购买选择行为偏好及其实证研究——以餐饮类团购为例 [J]. 东北大学学报（社会科学版)，2011，5(7)：404-409.

[60] 钱大可. 网络团购模式研究 [J]. 商场现代化，2006(1)：36-37.

[61] 靳平. 中国网络团购市场的发展空间及培育机制分析 [J]. 中国商贸，2011(21).

[62] Reid and Elizabeth. Virtual Worlds：Culture and Imagination [C]. Cyber society：Computer-Mediated Communieation and Community，1995：164-183.

[63] 翟本瑞. 网络社区的社会学基础. 南华大学社会科学理论与本土化学术研讨会论文集 [C]. 1999：144-155.

[64] Romm C.，N. Pliskinand R. Clarke Virtual Communities and Society：Toward an Integrative Three Phase Model [J]. International Journal of Information Management，1997，17(4)：261-270.

[65] Hagel J. and Armstrong A. Netgain：Expanding Markets Through Virtual Communities [M]. Cambridge，MA：Harvard Business School Press，1997.

[66] Howard Rheingo. The Virtual Community：Home Standing on the Electronic

Frontier [M]. Addison-Wesle, 1993.

[67] 王琪. 网络社群：特征、构成要素及类型 [J]. 前沿，2011 (279)：166-169.

[68] Romm C., N. Pliskin and R. Clarke. Vrtual Communities and Society: Toward an Integrative Three Phase Model [J]. International Journal of Information Management, 1997, 17 (4): 261-270.

[69] Hagel Ⅲ, and Armstrong A. G. Netgain: Expanding Markets Through Virtual Communities [M]. Boston, MA: Harvard Business School Press, 1997.

[70] Ginsburg M., Weisband S. A Framework for Virtual Community Business Success: The Case of the International Chess Club [A]. Proceedings of the 37th Hawaii International Conference on System Science, Hawaii, U.S.A. 2004.

[71] Kim H. S., Jin B. Exploratory Study of Virtual Communities of Appearel Retailers [J]. Journal of Fashion Marketing and Management, 2006, 10 (1): 41-45.

[72] Preece J. Online Communities: Designing Usability, Supporting Sociability [M]. Chichester: Wiley, 2000.

[73] Catherine M. R., David G. and Bay A. Some Antecedents and Effeets of Trust in Virtual Communities [J]. Joumal of Strategic Information Systems, 2002 (11): 271-295.

[74] Aldler P. R.and Christopher J. A. Internet Community Primer: Overview and Business Opportunities [M]. Digital Places, 1998.

[75] Blanehard, A. Virtual Behavior Settings: An Application of Behavior Setting: Theories to Virtual Communities [J]. Journal of Computer Medicated Communication, 2004, 9 (2): 123-145.

[76] Barnatt C. Virtual Communities and Financial Services Online Business Potentials and Strategies Choice [J]. International Joumal of Bank Marketing, 1998 (16): 161-169.

[77] Farquhar and Rowley J. Relationships and Online Consumer Communities [J]. Business Process Management Journal, 2006, 12 (2): 162-176.

[78] Stanley Milgram. The Small World Problem [J]. Psychology Today, 1967 (1): 61-67.

[79] Social Network Sites: Definition, History and Scholarship [J]. Journal of Computer-mediated Communication, 2007, 5 (1): 25-28.

[80] Ohbuung Kwon and Y. W. Wen. An Empirical Study of the Factors Affecting Social Network Service Use [J]. Computers in Human Behavior, 2010, 26 (2): 254-263.

[81] Anders Kofod-Petersen, Per Anton Gransaether, John Krogstie.An Empirical Investigation of Attitude towards Location-aware Social Network Sercie [J]. Mobile Communications, 2010, 8 (1): 53-70.

[82] Jason Potts. Social Network Markets: A New Definition of the Creative Industries [J]. Journal of Culture Economics, 2008 (32): 167-185.

[83] Ralph Gross. Information Revelation and Privacy in Oline Social Networks [J]. Journal of Computer Science, 2009 (45): 15-22.

[84] Elizabeth Wolfe Morrison. Newcomers' Relationships: The Role of Social Network Ties during Socialization [J]. Academy of Management, 2002, 45 (6): 1149-1160.

[85] Back K. W. Influence through Social Communication [J]. Journal of Abnormal and Social Psychology, 1951 (46): 9-23.

[86] Allport F. H. A Structuronomic Conception of Behavior: Individual and Collective [J]. Journal of Abnormal and Social Psychology, 1962 (64): 3-30.

[87] Tajfel H., M. G. Billig, R. P. Bundy and C. Flament. Social Categorization and Intergroup Behaviour [J]. European Journal of Social Psychology, 1971, 1 (2): 149-178.

[88] Turner J. C. Social Categorization and the Self-concept: A Social Cognitive Theory of Group Behavior' in Advances in Group Processes: Theory and Research [M]. Greenwich: JAI Press, 1985: 77-122.

[89] Krackhardt D. and L. W. Porter. The Snowball Effect: Turnover Embedded in Communication Networks [J]. Journal of Applied Psychology, 1986 (71): 50-55.

[90] Prentice D. A., D. T. Miller and J. R. Lightdale. Asymmetries in Attachments to Groups and to Their Members: Distinguishing between Common-identity and Common-bond Groups [J]. Personality and Social Psychology Bulletin, 1994, 20 (5): 484-493.

[91] Preece J., B. Nonnecke and D. Andrews. The Top 5 Reasons for Lurking: Improving Community Experiences for Everyone [J]. Computers in Human Behavior, 2004, 2 (1).

[92] Postmes T., R. Spears, A. T. Lee and R. J. Novak. Individuality and Social Influence in Groups: Inductive and Deductive Routes to Group Identity [J]. Journal of Personality and Social Psychology, 2005, 89 (5): 747-763.

[93] Sassenberg K. Common Bond and Common Identity Groups on the Internet: Attachment and Normative Behavior in On-topic and Off-topic Chatsz [J]. Group Dynamics,

2002, 6 (1): 27-37.

[94] Seeley E. A., W. L. Gardner, G. Pennington and S. Gabriel. Circle of Friends or MMembers of a Group? Sex Differences in Relational and Collective Attachment to Groups [J]. Group Processes and Intergroup Relations, 2003, 6 (3): 251-263.

[95] Postmes T., R. Spears, K. Sakhel and D. de Groot. Social Influence in Computer MMediated Communication: The Effects of Anonymity on Group Behavior [J]. Personality and Social Psychology Bulletin, 2001, 27 (10): 1243-1254.

[96] Michinov N., E. Michinov and M. C. Toczek-Capelle. Social Identity, Group Processes, and Performance in Synchronous Computer-mediated Communication [J]. Group Dynamics-Theory Research and Practice, 2004, 8 (1): 27-39.

[97] Amichai Hamburger Y. Internet Minimal Group Paradigm [J]. Cyber Psychology and Behavior, 2005, 8 (2): 140-142.

[98] Kim A. J. Community Building on the Web Berkeley [M]. CA: Peachpit Press, 2000.

[99] Culnan M. J. Online Communities: Infrastructure, Rational Cohesion and Sustainability. Paper Presented at the Workshop on Social Informatics: Extending the Contribu tions of Professor Rob Kling to the Analysis of Computerization Movements [C]. Irvine, CA, 2005, March 11-12.

[100] Postmes T., M. Tanis and B. de Wit. Communication and Commitment in Orga nizations: A Social Identity Approach [J]. Group Processes & Intergroup Relations, 2001, 4 (3): 227-246.

[101] Bryant S. L., A. Forte and A. Bruckman. Becoming Wikipedian: Transformation of Participation in a Collaborative Online Encyclopedia [C]. Paper Presented at Group '05. Sanibel Island, FL, 2005, November 6-9.

[102] Newcomb T. M. Varieties of Interpersonal Attraction in Group Dynamics: Research and Theory [D]. Evanston, IL: Row, Peterson, 1960.

[103] Honeycutt C. Hazing as a Process of Boundary Maintenance in an Online Community [J]. Journal of Computer-Mediated Communication, 2005, 10 (2).

[104] Hogg M. A. and D. J. Terry. Social Identity and Selfcategorization Processes in Organizational Context [J]. Academy of Management Review, 2000, 25 (1): 121-140.

[105] Wikipedia [OL]. Retrieved May 23, 2006, from http: //en.wikipedia.org/wiki/

Wikipedia.

[106] McKenna K. Y. A., A. S. Green and M. E. J. Gleason. Relationship Formation on the Internet: What's the Big Attraction [J]. Journal of Social Issues, 2002, 58 (1): 9.

[107] Cothrel J. and Williams R. Online Communalities: Getting the Most Out of On-line Discussion and Elaboration [J]. Knowledge Management Review, 1999 (6): 20-25.

[108] Slater M., A. Sadagic and R. Schroeder. Small-group Behavior in a Virtual and Real Environment: A Comparative Study [J]. Presence, Teleoperators and Virtual Environments, 2000, 9 (1): 37-51.

[109] Collins N. L. and L. C. Miller. Self-disclosure and Liking: A Meta-analytic Review[J]. Psychological Bulletin, 1994, 116 (3): 457-475.

[110] Postmes T., R. Spears and M. Lea. Intergroup Differentiation in Computer-mediated Communication: Effects of Depersonalization [J]. Group Dynamics: Theory Research and Practice, 2002, 6 (1): 3-16.

[111] Worchel S., H. Rothgerber, E. A. Day, D. Hart and J. Butemeyer. Social Identity and Individual Productivity within Groups [J]. British Journal of Social Psychology, 1998 (37): 389-413.

[112] Walther J. B. Time Effects in Computer-mediated Groups: Past, Present, and Future' in Distributed Work [M]. Cambridge, MA: MIT Press, 2002.

[113] Yuki M., W. W. Maddux, M. B. Brewer and K. Takemura. Cross-cultural Differences in Relationship-and Group-based Trust [J]. Personality and Social Psychology Bulletin, 2005, 31 (1): 48-62.

[114] Williams K. and C. O' Reilly. Demography and Diversity in Organizations: A Review of 40 Years of Research' in Research in Organizational Behavior CT: JAI Press, 1998.

[115] Newcomb T. M. Varieties of Interpersonal Attraction' in Group Dynamics: Research and Theory [M]. IL: Row, Peterson, 1960.

[116] Hogg M. A. and J. C. Turner. Interpersonal Attraction, Social Identification and Psychological Group Formation [J]. European Journal of Social Psychology, 1985 (15): 51-66.

[117] Sassenberg K. and M. Boos. Attitude Change in Computer-mediated Communication: Effects of Anonymity and Category Norms [J]. Group Processes and Intergroup Relations,

2003, 6 (4): 405-422.

[118] Fisher D., M. Smith and H. T. Welser. You are Who you Talk to: Detecting Roles in Usenet Newsgroups [C]. Paper presented at the 39th Hawaii International Conference on System Sciences, 2006, Waikoloa, Big Island, Hawaii.

[119] Culnan M. J. Online Communities: Infrastructure, Rational Cohesion and Sustainability. Paper Presented at the Workshop on Social Informatics: Extending the Contributions of Professor Rob Kling to the Analysis of Computerization Movements [C]. Irvine, CA, 2005, March: 11-12.

[120] Gefen D. E-commerce: The Role of Familiarity and Trust, Omega [J]. The International Journal of Management Science, 2000 (28): 725-737.

[121] Levine J. M. and R. L. Moreland. Small Groups in the Handbook of Social Psychology [M]. Boston: McGraw-Hill, 1998.

[122] Cartwright D. The Nature of Group Cohesiveness in Group Dynamics: Research and Theory (91-109) [M]. New York: Harper and Row, 1968.

[123] 西蒙 H. A. 管理行为 [M]. 北京：机械工业出版社，2007.

[124] Westbrook R. A. Product Consumption-based Affective Responses and Post Purchase Processes [J]. Journal of Marketing Research, 1987, 24 (3): 258-270.

[125] Hennig Thurau T., Gwinner K. P., Walsh G., et al. Electronic Word-of-mouth Via Consumer-opinion Platforms: What Motivates Consumers to Articulate Themselves on the Internet [J]. Journal of Interactive Marketing, 2004, 18 (1): 38-52.

[126] Engel J. E., Blackwell R. D., Kegerreis R. J. How Information is Used to Adopt an Innovation [J]. Journal of Advertising Research, 1969 (9): 3-8.

[127] Goldsmith R. E., Horowitz D. Measuring Motivations for Online Opinion Seeking [J]. Journal of Interactive Advertising, 2006, 6 (2): 1-16.

[128] Gupta P., Harris J. How e-WOM Recommendations Influence Product Consid eration and Quality of Choice: A Motivation to Process Information Perspective [J]. Journal of Business Research, 2005, 63 (9-10): 1041-1049.

[129] Godes D., Mayzlin D. Using Online Conversations to Study Word of Mouth Communication [J]. Marketing Science, 2004, 23 (4): 545-560.

[130] Dellarocas C. The Digitization of Word of Mouth: Promise and Challenges of Online Feedback Mechanisms [J]. Management Science, 2003, 49 (10): 1407-1424.

[131] Chevalier J. A., Mayzlin D. The Effect of Word of Mouth on Sales: Online Book Reviews [J]. Journal of Marketing Research, 2006, 43 (3): 345–354.

[132] Racherla P., Friske W. Perceived Usefulness of Online Consumer Reviews: An Exploratory Investigation Across Three Services Categories [J]. Electronic Commerce Research and Applications, 2012, 11 (6): 548–559.

[133] Park D., Lee J., Han I. The Effect of On–line Consumer Reviews on Consumer Purchasing Intention–the Moderating Role of Involvement [J]. International Journal of Electronic Commerce, 2007, 11 (4): 125–148.

[134] Forman C., Ghose A., Wiesenfeld B. Examining the Relationship between Reviews and Sales: The Role of Reviewer Identity Disclosure in Electronic Markets [J]. Information Systems Research, 2008, 19 (3): 291–313.

[135] Mudambi S. M., Schuff D. What Makes a Helpful Online Review? A Study of Customer Reviews on Amazon. com [J]. MIS Quarterly, 2010, 34 (1): 185–200.

[136] Bhattacherjee A., Sanford C. Influence Processes for Information Technology Acceptance: An Elaboration Likelihood Model [J]. MIS Quarterly, 2006, 30 (4): 805–882.

[137] Cheung C. M. K., Thadani D. R. The Impact of Electronic Word–of–mouth Com munication: A Literature Analysis and Integrative Model [J]. Decision Support Systems, 2012b, 54 (1): 461–470.

[138] Janis I., Hovland C. Personality and Persuasibility [M]. Yale University Press, New Haven, 1959.

[139] Hovland C., Janis I., Kelley H. Communication and Persuasion: Psychological Studies of Opinion Change [M]. Yale University Press, New Haven, CT, 1954.

[140] Cheung M. Y., Luo C., Sia C. L., Chen H. Credibility of Electronic Word of Mouth: Informational and Normative Determinants of Online Consumer Recommendations [J]. International Journal of Electronic Commerce, 2009, 13 (4): 9–38.

[141] Racherla P., Friske W. Perceived Usefulness of Online Consumer Reviews: An Exploratory Investigation Across Three Services Categories [J]. Electronic Commerce Research and Applications, 2012, 11 (6): 548–559.

[142] Arndt J. Role of Product–related Conversations in the Diffusion of a New Product [J]. Journal of Marketing Research, 1967, 4 (1): 291–295.

[143] Forman C., Ghose A., Wiesenfeld B. Examining the Relationship between Re–

views and Sales: The Role of Reviewer Identity Disclosure in Electronic Markets [J]. Information Systems Research, 2008, 19 (3): 291-313.

[144] Cheung C. M. K., Thadani D. R. The Impact of Electronic Word-of-mouth Communication: A Literature Analysis and Integrative Model [J]. Decision Support Systems, 2012b, 54 (1): 461-470.

[145] Moenaert R. K., Caeldries F., Lievens A., Wauters E. Communication Flows in International Product Innovation Team [J]. Journal of Product Innovation Management, 2000 (17): 360-377.

[146] Alba J. W., W. J. Hutchinson. Dimensions of Consumer Expertise [J]. Consumer Research, 1987, 13 (4): 11-454.

[147] Joseph P. Grunenwald, Thomas T. Vernon. Pricing Decision Marketing for High-Technology Products and Services [J]. Journal of Business & Industrial Marketing, 1988, 3 (1): 61-70.

[148] Bruce Robinson and Chet Lakhani. Dynamic Price Models for New Product Planning [J]. Management Science, 1975, 21 (10): 1113-1122.

[149] A. 班杜拉. 思想和行动的社会基础——社会认知论 [M]. 林颖，王小明，胡谊，庞维国等译. 上海：华东师范大学出版社，2001.

[150] A.班杜拉. 自我效能：控制的实施 [M]. 缪小春等译. 上海：华东师范大学出版社，2003.

[151] Bickhart Barbara and Rober M. Schindler. Internet Forums as Influential Sources of Consumer Information [J]. Journal of Interactive Marketing, 2001, 15 (3): 31-40.

[152] Anderson. Customer Satisfaction and Word of Mouth [J]. Journal of Service, 1998 (1): 5-17.

[153] Bansal and Voyer. Harvis S. Bansal and Peter A. Voyer. Word of Mouth Processes within a Services Purchase Decision Context [J]. Journal of Service Research, 2000, 3 (2): 66-77.

[154] Emanuel Rosen. The Anatomy of Buzz: how to Create Word-of-mouth Marketing [M]. Doubleday, 2002.

[155] Marilyn E. Gist. Self-efficacy: Implications for Organizational Behavior and huan Resource Management [J]. Academy of Management Review, 1987 (3): 474.

[156] Biekhart Barbara and Robert M. Sehindler. Iniemet Forums as Influential Sources

of Consumer Information [J]. Journal of Interactive Marketing, 2001, 15 (3): 31-40.

[157] Bristor J. M. Enhanced Explanations of Word of Mouth Communications: The Power of Relationships [J]. Research in Consumer Behavior, 1990 (4): 51-83.

[158] Karasawa M. Toward an Assessment of Social Identity: The Structure of Group Identification and Its Effects on Ingroup Evaluations [J]. British Journal of Social Psychology, 1991 (30): 293-307.

[159] Sassenberg K. and M. Boos. Attitude Change in Computer Mediated Communi cation: Effects of Anonymity and Category Norms [J]. Group Processes and Intergroup Relations, 2003, 6 (4): 405-422.

[160] Turner J. C., M. A. Hogg, P. J. Oakes, S. D. Reicher and M. S. Wetherell. Rediscovering the Social Group: A Self-categorization Theory [M]. Oxford: Blackwell, 1987.

[161] Turner J. C. Social Categorization and the Selfconcept: A Social Cognitive Theory of Group Behavior' in Advances in Group Processes: Theory and Research [G]. CT: JAI Press, 1985.

[162] Postmes T. and R. Spears. Refining the Cognitive Redefinition of the Group: Deindividuation Effects in Common Bond vs. Common Identity Groups' in Side Effects Centre Stage: Recent Developments in Studies of Deindividuation in Groups [G]. 2000.

[163] Tajfel H., M. G. Billig, R. P. Bundy and C. Flament. Social Categorization and Intergroup Behaviour [J]. European Journal of Social Psychology, 1971, 1 (2): 149-178.

[164] Ashforth B. E. and S. A. Johnson. Which Hat to Wear? The Relative Salience of Multiple Identities in Organizational Contexts' in Social Identity Processes in Organizational Contexts [M]. Philadelphia, PA: Psychology Press, 2001.

[165] Turner J. C. Social Categorization and the Selfconcept: A Social Cognitive Theory of Group Behavior' in Advances in Group Processes: Theory and Research [G]. Greenwich, CT: JAI Press, 1985.

[166] Hogg M. A. and D. J. Terry. Social Identity and Selfcategorization Processes in Organizational Context [J]. Academy of Management Review, 2000, 25 (1): 121-140.

[167] Utz S. Social Identification and Interpersonal Attraction in MUDs [J]. Swiss Journal of Psychology, 2003, 62 (2): 91-101.

[168] Postmes T., R. Spears and M. Lea. Intergroup Differentiation in Computer-mediated Communication: Effects of Depersonalization [J]. Group Dynamics: Theory Research

and Practice, 2002, 6 (1): 3–16.

[169] Rogers P. and M. Lea. Social Presence in Distributed Group Environments: The Role of Social Identity [J]. Behaviour and Information Technology, 2005, 24 (2): 151–158.

[170] Sherif M., L. J. Harvey, B. J. White, W. R. Hood and C. W. Sherif Intergroup Conflict and Cooperation: The Robbers' Cave Experiment. Middletown [M]. CT: Wesleyan University Press, 1961.

[171] Ha L. and James E. L. Interactivity Reexamined: A Baseline Analysis of Early Business Web Sites [J]. Journal of Broadcasting & Electronic Media, 1998, 42 (4): 457–474.

[172] Kozinets R. V. E–Tribalized Marketing: The Strategic Implications of Virtual Communities of Consumption [J]. European Management Journal, 1999, 17 (3): 252–264.

[173] Cachia R., Compano R., Costa O. D. Grasping the Potential of Online Social Networks for Foresight [J]. Technological Forecasting & Social Change, 2007, 74 (8): 1179–1203.

[174] Antheunis M. L., Patti M. V. and Jochen P. Getting Acquainted through Social Network Sites: Testing a Model of Online Uncertainty Reduction and Social Attraction [J]. Computers in Human Behavior, 2009, 26 (1): 100–109.

[175] McKenna, K. Y. A., A. S. Green and M. E. J. Gleason. Relationship Formation on the Internet: What's the Big Attraction [J]. Journal of Social Issues, 2002, 58 (1): 9.

[176] Lakhani K. R. and E. V. Hippel. How Open Source Software Works: "Free" User to User Assistance [J]. Research Policy, 2003 (32): 923–943.

[177] Yuki M. Intergroup Comparison Versus Intragroup Relationships: A Crosscultural Examination of Social Identity Theory in North American and East Asian Cultural Contexts [J]. Social Psychology Quarterly, 2003, 66 (2): 166–183.

[178] Jones Q., G. Ravid and S. Rafaeli. Information Overload and the Message Dynamics of Online Interaction Spaces [J]. Information Systems Research, 2004, 15 (2): 194–210.

[179] Utz S. and K. Sassenberg. Distributive Justice in Common–bond and Common–identity Groups [J]. Group Processes and Intergroup Relations, 2002, 5 (2): 151–162.

[180] Sassenberg K. Common Bond and Common Identity Groups on the Internet: Attachment and Normative Behavior in On–topic and Off–topic Chats [J]. Group Dynamics,

2002，6（1）：27-37.

［181］ Slater M.，A. Sadagic and R. Schroeder. Small-group Behavior in a Virtual and Real Environment：A Comparative Study［J］. Presence，Teleoperators and Virtua Environments，2000，9（1）：37-51.

［182］ Astous D. A.，Touil N. Consumer Evaluations of Movies on the Basis of Critics Judgments［J］. Psychology and Marketing，1999（16）：677-694.

［183］ Gmbb E. L. and H. L. Grathwohl. Consumer Self-concept，Symbolism，and Market Behavior：A Theoretical Approach［J］. Journal of Marketing Research，1967（31）：22-27.

［184］ Fornell C. and Larcker D. F. Evaluating Structural Equation Models with Unob servable Variables and Measurement Error［J］. Journal of Marketing Research，1981（18）：39-50.

［185］ 马庆国. 管理统计［M］. 北京：科学出版社，2002.

［186］ Gefen D.，Karahanna E. and Straub D，W. Trust and TAM in Online Shopping：An Integrated Model［J］. MIS Quarterly，2003，27（1）：51-90.

［187］ Kassarjian H. Content Analysis in Consumer Research［J］. Journal of Consumer Research，1997，4（1）：8-18.

［188］ Weare C.，Lin W. Y. Content Analysis of the World Wide Web：Opportunities and Challenges［J］. Social Science Compuer Review，2000（18）：272-292.

［189］ Koh J.，Kim Y. C.，Butler B. Encouraging Participation in Virtual Communites［J］. Communications of the ACM，2007，50（2）：69-73.

［190］ Bos W.，Tarnai C. Content Analysis in Empirical Social Research［J］. International Journal of Educational Research，1999，31（8）：659-671.

［191］ Malina M. A. and Selto F. H. Communicating and Controlling Strategy：An Empirical Study of the Effectiveness of the Balanced Score［J］. Journal of Management Accounting，2001（13）：47-90.

［192］ Berger J.，Milkman K. L. What Makes Online Content Viral?［J］. Journal of Marketing Research，2012，49（2）：192-205.

［193］ Bampo Mauro，Michael T. Ewing，Dineli R. Mather，David Stewart and Mark Wallace. The Effects of the Social Structure of Digital Networks on Viral Marketing Performance［J］. Information Systems Research，2008，19（3）：273-290.

［194］ Hinz Oliver，Bernd Skiera，Christian Barrot and Jan U. Becker. Seeding Strategies for Viral Marketing: An Empirical Comparison [J]. Journal of Marketing, 2011, 75 (May), 55–71.

[195] Haenlein M., Libai B. Targeting Revenue Leaders for a New Product [J]. Journal of Marketing, 2013, 77 (3): 65–80.

[196] Goel S., Goldstein D. G. Predicting Individual Behavior with Social Networks [J]. Marketing Science, 2013, 33 (1): 82–93.

[197] Burt R. S. Structural Holes: The Social Structure of Competition [M]. Harvard University Press, 2009.

[198] Goldenberg J., Oestreicher Singer G., Reichman S., The Quest for Content: How User–generated Links can Facilitate Online Exploration [J]. Journal of Marketing Research, 2012, 49 (4): 452–468.

[199] Easley D., Kleinberg J. Networks, Crows, and Markets [J]. Cambridge Univ–Press, 2010, 6 (1): 6.

[200] Libai B., Muller E., Pres R. Decomposing the Value of Word–of–mouth Seeding Programs: Acceleration Versus Expansion [J]. Journal of Marketing Research, 2013, 50 (2): 161–176.

[201] Kleinbaum David G., Mitchel Klein. Survival Analysis: A Self–Learning Text [M]. New York: Springer, 2005.

[202] Kaplan E. L., Paul Meier. Nonparametric Estimation from Incomplete Observations [J]. Journal of the American Statistical Association, 1958, 53 (282): 457–481.

后 记

本书在撰写的过程中，得到了国家自然科学基金项目“面向网络社群的团购机制创新研究”（71662024），“内蒙古自治区哲学社会科学研究基地——呼包银榆经济区研究中心”，内蒙古自治区教育厅高等学校科学研究项目（NJSY160）以及内蒙古科技大学创新基金项目（2014QDW019）的大力支持。在此再次向有关单位表示深深的感谢！

网络团购是在互联网进入Web2.0用户交互时代以及电子商务社会化背景下发展起来的新型的商业模式，是一个复杂的系统，涉及经济学、市场营销学、社会心理学、消费者行为学以及信息传播学等方面的内容，由于所研究问题的复杂性和个人精力、时间等方面的限制，本书还存在一些不足，需要在未来的研究中进一步完善和深入。

（1）本书所选取的网络社群样本具有一定的局限性，这可能在一定程度上限制了本书结论的普遍性，因而今后可以采取更为广泛的网络社群样本（如微博、微信群等）对模型进行验证。

（2）有些群体既包含身份认同也包括纽带认同，未来的研究有必要考察这样的群体在两类认同机制的交互作用下对网络团购信息分享沟通效率的影响。

（3）本书检验了商品属性与认同类型的相关度对群体认同与信息认同的调节效应，但产品的品牌价值对消费者的影响不容忽视，未来的研究中应该考察产品的品牌价值对社群成员信息认同的调节作用。

（4）在网络团购效益最大化的研究模型中，未来的研究可以考虑加入团购时间、团购价格、团购规定的最低组团人数数量等变量，通过微积分方程推导出更加准确的影响网络团购效益最大化的影响因素。

（5）在网络团购社群信息传播机制的研究中，没有考虑顾客价值的异质性，而在现实的营销环境中，不同的消费者对于企业的价值是不同的。在未来的研究中，应该在仿真实验中将顾客价值的异质性纳入评价网络社群团购信息扩散效果的指标体系中。

同时，在实证传播机制的传播效果研究中，我们选取的对象是网络团购社群中的讨论内容，但内容的传播并不代表消费者的最终购买。所以，社会影响和同质性影响两种不同的扩散机制给企业带来的实际经济价值的差异还应该加入实际的交易数据来进一步分析。

张鹏

2017 年 9 月